Philippe Pujol a reçu le prix Albert-Londres en 2014 pour ses articles « Quartiers shit » parus dans *La Marseillaise*. Il est journaliste pour le site d'information en ligne suisse Sept.info.

DU MÊME AUTEUR

French deconnection
Au cœur des trafics
Robert Laffont, 2014

Marseillais du Nord, les seigneurs naguère
(photographies de Gilles Favier)
Le Bec en l'air, 2016

Mon cousin le fasciste
Seuil, 2017

Philippe Pujol

LA FABRIQUE DU MONSTRE

Les Arènes

TEXTE INTÉGRAL

ISBN 978-2-7578-6338-1
(ISBN 978-2-35204-459-8, 1re publication)

À Souad, Célia, Zohra,
Medhi et Samechedine.

I

Les mains noires

Il vient de fermer la porte derrière moi, le vieux. Je suis coincé comme un chien. On s'était mis d'accord pour qu'il me montre cette cave dans laquelle la drogue est coupée, pesée puis conditionnée. Il devait rester avec moi le temps que je fasse quelques photos, et on devait aller en parler chez lui autour d'un café turc. Mais si ça sent bien le shit ici, ça sent aussi la sueur, sans trop savoir quelle odeur domine l'autre. Le vieux ne cherche pas, lui. « Si ça pue l'homme, ça pue la merde », grommelle-t-il en s'éclipsant plus vite que ne le laisserait imaginer sa patte folle. Le vieux, on s'en méfie dans le coin parce qu'il renseigne tout le monde, les paumés, les dealers, les locataires, les proprios, les flics, tant qu'il y gagne quelque chose, en nature ou en service. « Vous me faites un bon article sur les dealers du B, comme ça, à la mairie, ils finiront bien par le détruire ce putain de bâtiment, et ça arrangerait du monde. » C'est son deal avec moi. Le journalisme, c'est aussi se laisser manipuler un peu, en conscience et en contrôle.

Mais les lieux ne sont pas vides comme prévu, les dealers du B sont là. Ils coupent, pèsent, emballent quand nous entrons. Trois branquignols qui sursautent comme des bébés réveillés par une porte qui claque, persuadés d'être face à des flics avec matraques, gazeuses et menottes bientôt trop serrées, prêts à déguerpir par-derrière, *via* le trou de ce qui a dû être une fenêtre. « Oh ! putain ! Tu viens nous regarder même ici, le journaliste ? » Il y a du soulagement dans la voix du garçon gras comme un kebab, car il sait que la fuite aurait été compliquée pour lui. Oui, je viens les regarder jusqu'ici, dans ce trou de poussière, jusqu'au fond de ce qui fait leur vie à ces minots dont tant de monde commente le pourquoi du comment sans vraiment connaître leur réalité.

Aussitôt qu'on se reconnaît, eux et moi, que les craintes de chacun retombent en même temps que nos pulsations cardiaques, je prends place sur un fauteuil de bureau découpé au cutter, juste entre le gros et celui que je connais le mieux, Tadjidine, surnommé « Canard » par tout le monde à cause d'une voix nasillarde à s'en retenir de rire presque à chaque fois. Même sa mère l'appelle Canard, et c'est elle qui me l'a présenté quelques mois plus tôt. « C'est un gentil garçon tu vas voir, m'assurait-elle avec son accent créole, que y veut s'amuser, que y veut s'amuser, rien d'autre. » Elle me l'avait amené par l'oreille. Le gamin, j'ai vu la suspicion quitter son regard quand je lui ai appris mes origines corses, comme ça, pour jouer aussi les déracinés comme lui et dompter un peu le sauvage qu'il faisait souvent semblant d'être. Depuis, il m'appelle par mon surnom corse, « Baracca », que l'on prononce en avalant le *a* final. « Comme Obama ? » me lançait-il la première fois. « Non, comme une maison », je lui répondais. Comme celle de ma famille là-haut dans l'Alta Rocca. « Ça veut aussi dire costaud », j'ajoutais pour fignoler le personnage. Dans son cerveau livré à lui-même d'adolescent en errance, un Corse de la montagne, c'est valorisant comme connaissance ! Comme côtoyer un beau bandit, mais pas dangereux.

Il m'explique ce qu'il fait avec application, heureux de m'apprendre quelque chose, de cette jubilation d'être le sachant. « "Boule", il réduit en poudre les 150 grammes de shit avec ce petit mixer, puis il y ajoute un peu d'huile de vidange, il mélange, il verse dans ce Tupperware qu'il met dans l'eau chaude, et il compresse la pâte obtenue entre deux planches en s'asseyant dessus pour faire cette plaquette de 200 grammes que "Kaïser" coupe en barrettes à 20 euros. Comme ça, on se fait un peu plus de fric. » Boule confirme en oscillant la tête et en mâchant des chips. Kaïser tire une taf de condamné sur un joint sombre qu'il garde toujours entre ses lèvres pour avoir les mains libres, soit pour couper du shit, soit pour jouer à *Subway Surfers* sur son téléphone avec ses doigts noircis par le produit. « Après… le shit… à l'aspect, on dirait une olive, du shit bien gras, bien bon, qui tache les doigts et se malaxe comme une crotte de nez », montre Tadjidine en roulant le pouce et l'index. Tous trois deviennent des mains noires, des petits travailleurs du shit.

Ce shit, ce sont les dealers du bâtiment H, un peu plus haut, qui le leur refilent. Eux ne sont pas de ceux que l'on vous amène par l'oreille. Et s'ils laissent des merdeux fourguer une merde encore plus merdique que la leur, c'est pour partir à la conquête d'autres marchés. Essaimer un peu plus loin. Avec toute cette concurrence, les temps sont durs, alors si ces quelques petits cons peuvent refourguer un peu de came à des consommateurs *low cost*, c'est toujours ça de pris.

On prête le produit aux gamins, ils le vendent et remboursent ensuite en gardant la monnaie, et s'ils ne font pas assez de fric, les voilà redevables. En nature ou en service, à jouer les guetteurs gratuits pendant un temps exagéré, à se retrouver à faire la mule, à transporter la came quand c'est le plus dangereux, ou à faire l'informateur, celui qui va donner un message à un dealer concurrent, comme un soldat du Moyen Âge avec son drapeau blanc.

Canard, Boule et Kaïser n'en sont pas là. Mais ça viendra sûrement. Car ils ne sont pas faits pour le business. Pas du tout. Voilà des types programmés à l'ennui, capables de ne rien foutre, au ralenti, le cerveau escargot, les épaules rentrées comme pour porter le poids du vide, et du shit plein la tête, un shit bien dégueulasse comme si on s'écrasait les tempes de toutes nos forces avec les poings, sauf que leurs mains restent ballantes ou posées sur les jambes avec un joint bien fort entre les doigts. Le shit qu'ils fument est le leur. Et il ne leur vient même pas à l'esprit de se rouler des joints avant leur cuisine à l'huile de vidange. La chaleur étouffante élargit les auréoles sous les bras de Boule. Je décide de monter voir la mère de Canard.

Les immigrés tout frais sont toujours accueillants, pas encore pervertis par l'aigreur des stigmatisations à venir et remplis de l'espoir de connaître une vie meilleure que celle qu'ils ont fuie. On ne quitte pas son pays. C'est la faim ou la violence qui vous en jette. Comme sa sœur Miyandi, deux années plus tôt, Bahuwa m'ouvre sa porte. Elles sont là toutes les deux, les frangines, me faisant visiter l'appartement comme pour me montrer à quel point il faut les sortir de là, et vite. Dans chaque pièce dorment au moins quatre personnes. Ils s'entassent peut-être à quinze dans ces 70 mètres carrés. Moins de place qu'en prison… « On paye 672 euros de loyer et 70 euros de charge. » Quand il s'agit de logement, le pragmatisme prend les commandes. « On dort chacun son tour, y a ceux qui vont travailler, et ceux qui se reposent », explique Miyandi avant que la question ne lui soit posée. Et ils sont de plus en plus nombreux à se reposer, faute d'emploi, à supporter les longues et futiles journées, tuant le temps en rêvant d'autre chose. Sur le feu, un gros plat n'en finit pas d'être réchauffé toute la journée et une partie de la nuit pour nourrir ceux qui rentrent comme ceux qui vont sortir. Les hommes ne lèvent même pas la tête pour voir à qui s'adressent les femmes. Mon accent leur suffit. « Un homme de chez nous, avec un Blanc, ça parle boulot ou religion », chuchote Bahuwa. Et je ne ressemble pas à un employeur ni à un imam. Bien qu'on soit au milieu de l'après-midi, Miyandi et Bahuwa me servent un *maélé na rougaï*… Et il est soit trop tard, soit trop tôt pour manger du riz à la tomate et aux oignons. Mais refuser l'hospitalité serait un affront. Les deux sœurs ne souhaitent pas s'asseoir, pas seules avec un homme. Je suis gêné de les voir rester debout, presque dans mon dos.

Un bidonville de Mayotte a fait le lit de leur jeunesse. Miyandi a souhaité offrir mieux à ses enfants, après la naissance du troisième. Française d'un département d'outre-mer, elle avait choisi fin 2013 la métropole, Marseille, la cité la plus pauvre de la ville, Kalliste, dans le bâtiment le plus dégradé, le H, dans l'appartement déplorable d'un des marchands de sommeil du coin. Et elle était contente. Depuis, elle a déchanté un peu et dégradé toujours plus son immeuble

« pour qu'enfin on le détruise et qu'on nous reloge ». Elle vient donc souvent chez sa sœur, au bâtiment B. Bahuwa, questionnée, me répond avec les mêmes arguments que sa sœur à son arrivée en métropole. Elle qui découvrait ici la « modernité occidentale », rêvait aussi d'une ascension sociale par le logement. Au début, comme les autres, elle se servait des toilettes comme d'un vide-ordures : « Je n'en avais jamais vu avant. » Elle en rigole de honte. Ses voisins n'entretiennent plus, non plus, les lieux depuis des années, « ils sont contents de partir bientôt et veulent accélérer les choses ». Le meilleur moyen, c'est de dégrader. On leur a mis dans la tête que quand leur ghetto serait bien pourri, bien dangereux, on trouverait à les loger ailleurs.

La petite fille de Bahuwa veut me montrer quelque chose « de trop mignon », sautillant comme la gamine de 8 ans qu'elle est, jusqu'à la porte d'appartement défoncée, en face du leur. « Ils sont toujours là », chuchote-t-elle avec la voix de la Cendrillon de Disney. « Pitit pitit pitit… Tss… Tss… Viens, allez, viens ! » Main tendue, elle s'approche, penchée en avant, comme un chat qui chasse. Puis à vingt centimètres, dans un crissement presque humain, un gros rat s'engouffre d'un bond dans un conduit où l'on en devine d'autres. « Il est trop mimi, non ? »

Un rat ! La gamine essaye de caresser les rats ! Bien gras, le poil bien dressé, la queue bien longue et l'œil bien noir… À grandir parmi les rats, on s'en fait des compagnons. C'est loin d'être un cas isolé. Je verrai la même scène, une fois, dans la cité Maison-Blanche où sévissent les mêmes marchands de sommeil qu'à Kalliste. Un élu me racontera la même chose dans la cité de la Renaude. Et j'ai beau, dans mon boulot, être régulièrement confronté à des scènes de crimes pas beaux à voir, ce sera cette petite fille et ses rats qui m'auront le plus chamboulé.

On continue la visite de l'immeuble. Je n'ai pas encore tout vu. À chaque étage, des appartements vides, aux portes embouties avec des béliers ou n'importe quel objet lourd. Dans le premier, tout ce qu'il pouvait y avoir de métallique a été arraché des murs, des sols, de la cuisine. Pour certains, la ferraille vaut de l'or. Dans un autre, toutes les traces d'un squat, une partie de cartes inachevée par terre, des conserves entassées, vides, des gravats débordant des chiottes et le vent dans le volet fermé qui siffle du vague à l'âme, strident comme un mauvais sort. Sur le sol de l'appartement d'en face, de la merde, partout. Pas de la merde de chien. Les toilettes des squatters.

Certains étages sont habités officiellement, l'occasion de prendre soit un thé à la menthe dans un salon toujours propre, soit une porte dans la figure. « Attention, il y a des trafiquants du H qui habitent au B », m'avertira plus tard Tadjidine. Comme je grimpe par la spirale des escaliers, l'ascenseur s'arrête à mon niveau. En sort un bonhomme costaud en haut, ventru au milieu et chétif des jambes. « Tu viens à la salle ? »

Dix-huitième et dernier étage, ces types se sont aménagé une salle de musculation. Des appareils dénichés plus ou moins légalement, des barres de traction, des bancs et des poids, beaucoup de poids. Le bonhomme costaud d'en haut travaille ses pectoraux au développé couché et il me fait pousser de la fonte, histoire de se foutre un peu de ma gueule avec ses potes. Ils vivent tous dans la cité, la plupart travaillant dans le BTP, d'autres comme agents de sécurité, le reste au chômage.

Une dizaine de gars suffisamment âgés pour essayer de se faire moins vieux en soulevant des poids, et encore assez jeunes pour justement les soulever. « Me branchez pas aujourd'hui ! J'ai pris des stéroïdes ! » lance un nerveux. Le type en oublie de cligner les yeux dans l'effort. Celui-là, tous le laissent tranquille.

Par la fenêtre nord, une belle bastide coloniale détonne, située pile entre les bâtiments B et H. Il paraît qu'y sont stockées des œuvres d'art. En tout petit, en bas, je peux voir les dealers du H en plein travail. Aller et venir, compter, repartir, glander, courir, attendre, siffler, gesticuler, déguerpir, revenir, saluer, crier, surveiller, se cacher, se montrer, manger, s'ennuyer, fatiguer, s'enfumer, vendre, compter, se défaire, examiner… Puis recommencer.

Par la fenêtre sud, la plus belle vue de Marseille. Celle sur le port de la ville, avec ses grues, ses ponts métalliques, ses gros bateaux de croisière, ses quais et ses bassins, sur fond de ciel rose le matin, bleu l'après-midi et rouge le soir. Celle sur la Bonne Mère qu'on voit décidément de partout, puisqu'elle veille sur la ville. Celle de cités éparpillées et bien différentes les unes des autres, des noyaux villageois et des zones pavillonnaires. Celle des résidences fermées, enserrées de murs bien propres. Car Marseille cloître ses populations dans leurs zones d'habitation. De Kalliste, « la plus belle » en grec, l'avant-dernière la plus au nord de la ville et la cité la plus pauvre de France, on ne voit pas les quartiers riches, très riches, à l'abri du mistral derrière une colline plus au sud. De cette hauteur, on comprend à quel point les populations de ces ghettos du nord sont éloignées de tout. Le port industriel a coupé l'accès à la mer, l'emploi au centre-ville reste à une heure et demie de bus quand il n'y a pas de problèmes… Alors, on se construit sa petite vie sur place… Certains fument de l'huile de vidange dans une cave, d'autres poussent de la fonte sous stéroïdes dans un squat au sommet d'une tour.

*

La misère pousse partout où elle le peut. Marseille possède donc la cité la plus pauvre de France. Mais elle a aussi le quartier le plus pauvre d'Europe. Saint-Mauront. Dans le 3e arrondissement, presque à l'hyper-centre. J'ai grandi juste à côté, et j'y suis allé au collège. L'îlot Gaillard y est le plus délabré. S'y côtoient un alcoolo ronchon et paranoïaque, un philosophe désabusé et des travailleurs sans-papiers qui squattent l'immeuble des ouvriers d'antan. Les cités et leurs barres ne sont pas les seuls navires de misère.

Depuis trente ans qu'il vit là, Moussa, seul avec des cafards, quelques manies de célibataire et le silence comme une seconde présence, le voilà obligé d'accepter l'aide qu'on lui impose. Un relogement pour cette année, en 2016, c'est promis et même écrit sur les panneaux posés au bas de sa rue. Lui, habiter dans la partie la plus pauvre du quartier le plus pauvre de France, ça le comble d'indifférence. Il en serait presque fier ; au moins un record à son actif. Son appartement n'a qu'une seule de ses fenêtres murée. Par l'autre, il regarde son voisin, Youssef, qui échange des insultes avec un cantonnier, toujours le même, celui du lundi.

« Vous devez nettoyer jusqu'en haut de la rue ! » Un geste dédaigneux pour toute réponse. « C'est dans les impôts le nettoyage. » L'agent communautaire, du mépris dans la voix : « T'y es pas mon patron… y a personne ici… » Youssef s'en éraille la sienne : « Y a moi ! » La frotteuse s'en va frotter ailleurs, un majeur levé au passage pour finir d'exciter Youssef sous les yeux impassibles de son voisin. Depuis qu'il n'a plus de dents, Moussa a l'air méchant. Son nez touche son menton et quand il sourit, rien ne change sur son visage. En fait, Moussa n'a pas d'âge.

Un drôle de noyau villageois, ce microquartier Gaillard, une sorte de compilation de ce qu'a été Marseille. Un jour, comme n'importe quel autre, au moment de la décolonisation, au début des années 1960, les ouvriers qui occupaient ces maisons sont partis, chassés par un chômage soudain, dans les villes nouvelles à la périphérie de Marseille où émergeait une industrie récente, celle du pétrole. Leurs baraques, restées ouvertes, se remplissaient alors des pieds-noirs les plus pauvres reproduisant là l'Algérie occidentalisée qu'ils venaient de perdre. Les femmes jacassaient dans le lavoir du haut, toujours là, étonnamment bien conservé. Les hommes palabraient sur la placette en contrebas, aujourd'hui ravagée comme un décor de *Plus belle la vie* après le passage d'un vent mauvais. À côté, la tonnelle métallique de l'ancien bar du quartier n'en peut plus de rouiller. Un passé qu'on laisse tranquille désormais, puisqu'il s'en est allé tout seul.

Il n'en reste qu'une fresque en mosaïque, déglinguée par le temps, des bancs usés par la pluie, les vents, les fesses et noircis de feux de désœuvrés. Un monticule de sable pour les jeux des enfants et les besoins des chiens. La devanture d'une droguerie qui s'estompe comme des paupières qui se ferment.

Youssef et Moussa ont vu mourir un à un les vieux pieds-noirs du quartier dont les enfants se sont émancipés ailleurs. « Je suis peut-être pauvre, mais je suis pas con, s'égosille Youssef. Après les pieds-noirs sont arrivés des encore plus miséreux, et encore plus ensuite… » Personne ne cherchant vraiment à entretenir des lieux dont les propriétaires eux-mêmes ont parfois oublié l'existence. Repoussés du 2e arrondissement dont les rénovations se sont accrues durant l'ère Gaudin, les plus nécessiteux ont paupérisé le troisième. Le fantôme de la rue de la République pend sur ce quartier comme du linge sale aux fenêtres, de celui qui sèche dans les gaz d'échappement de la rue Félix-Pyat juste en dessous. Des bâtiments désormais si pourris que des sans-papiers en ont fait leur maison.

Collés au mur tels des fusillés, trois d'entre eux attendent. L'un vient de Tunisie, les deux autres d'Algérie. Ils travaillent au marché d'intérêt national des Arnavaux, un quartier tout proche, et y partent d'un coup après qu'un quatrième homme leur a envoyé un sac plein de carrés de mousse, « pour les épaules quand on porte les caisses ».

Par une porte bleu Klein, on accède dans un antre qu'un barbu sympathique, Marwane, fait volontiers visiter en boitant à cause d'une jambe qui cloche. Au troisième étage, les fenêtres obturées de parpaings ne laissent entrer ni la lumière ni le froid. Une cave sous les toits. Des matelas éparpillés accueillent toujours quelqu'un. « Si personne ne dort, les rats vont venir. » Dessous, s'étendent des salons, décorés mais crasseux. À force de faire des feux de palettes à même le sol, autant pour se réchauffer que pour cuire la tambouille, ils ont fini par enflammer un carré de mousse qui faisait office de canapé : la fumée noire s'est glissée par la fenêtre sans huisseries, s'accrochant dehors, à la façade d'où pendouillent tant de câbles. Des traces masquées au rouleau blanc, une formidable tache propre sur quatre mètres carrés, comme une œuvre d'art involontaire.

Au premier, encore des chambres, avec des chauffages électriques piqués avec des rallonges, on ne sait où. Et au rez-de-chaussée, rien, sinon des cloisons brisées et des tas de gravats. Avec une porte dérobée derrière, sur la rue Gaillard, une fenêtre agrandie à la masse qui surplombe un petit fossé plein de détritus datant d'hier et d'aujourd'hui. Un paradis caché pour les rats comme pour ces sociologues archéologues des poubelles qui racontent les habitants par leurs déjections. À cause de ce petit saut traître à faire au-dessus du vide, Marwane ne sort pas trop souvent. Et quand il sort, il revient tard, restant un peu devant le trou, face à la mosquée Gaillard, à faire la discussion avec les fidèles du soir, ceux de la cinquième prière, *al-'icha*.

« On est encore sept locataires dans l'immeuble », raconte Youssef qui repasse par là. Les paraboliques témoignent de leur présence. « Six immeubles ont été détruits, certains ont été relogés juste derrière, dans la résidence Gaillard, moi je n'en ai pas les moyens. » Pour ses 256 euros les 25 mètres carrés dans un taudis aujourd'hui, qu'est-ce qu'il aurait de plus dans du neuf demain ? « Des chiottes ! » répond-il sans cligner des yeux.

Son voisin est resté pour la même raison. Un taudis accessible est toujours mieux que rien. Qu'on ait envie, comme ça, soudain, de le soustraire à sa condition, il trouve ça louche, Moussa. Ça le perturbe. Il ne veut pas en parler et se retranche derrière les parpaings. Longtemps, Moussa a rêvé d'avoir du pognon. Maintenant il veut juste de la semoule. « Il ne mange que ça », dit Youssef, sans rire ni battre des paupières. Un soir, « Moussa a pété un plomb » à force d'entendre la musique des squatters voisins. « Je sais pas ce qu'il a fait, il avait bu, sa fenêtre était cassée sans garde-corps, il est tombé du deuxième, il est pas mort, je sais pas comment. » Deux bras cassés, entre autres, « deux mois d'hôpital et le revoilà, fallait y faire le manger ». La semoule, c'est vite fait.

*

Depuis quelques années, l'avenir se fait toujours plus petit dans les parties les plus pauvres de la ville. On y devient ce que l'on doit y devenir, invoquant le mauvais œil sans résister. Je trouve ça bien triste tous ces gens qui se couchent dans ces quartiers, chaque jour un peu plus désespéré, se laissant aller à la facilité. Je vois bien qu'ils se foutent désormais que les choses aillent mieux. Ils improvisent, là, comme des arapèdes collés à leur rocher, s'ouvrent quand ça va, se collent solidement dès que tout s'assèche. Et désormais, les quartiers de Marseille sont à sec. Baladez-vous un matin dans le 14e arrondissement. Elles sont de plus en plus nombreuses, ces mères de famille qui ne s'habillent même plus pour emmener leurs marmots à l'école. « Pyjama-hijab » ! En déshabillé et voile islamique, elles tirent les petits par la main, le long des quatre-voies, les conduisant à l'école par réflexe, pour être tranquilles. Par réflexe, pas par espoir. Leur espoir est en berne. Devant l'école, elles trouvent bien quelques réconforts dans les commérages, les mêmes que devant toutes les écoles du monde, de ces bavardages qui rassurent, car c'est toujours pire ailleurs. Et puis ça structure les commérages, bien plus que l'intelligence ou la solidarité qui ne sont qu'incantations. Qu'en-dira-t-on et médisance fixent les limites du sens moral. Untel possède une voiture trop belle pour un chômeur ; son honnêteté est mise en doute. L'autre collectionne les petits emplois à coup de piston ; il ne peut être que l'agent de tel élu du secteur qui donne là sa sardine à l'otarie ayant réussi son tour.

Baladez-vous le matin sur le boulevard du Capitaine-Gèze, devant la Plateforme du bâtiment. Dans un nuage de gaz d'échappement, une enfilade de Noirs piétine dans l'attente d'une gâche pour la journée. Pour certains, quelques compétences très recherchées ; pour presque tous, zéro visa français en poche. Des sans-papiers qu'on n'emmerde pas ici. Un réservoir de main-d'œuvre presque gratuite, nourrie des miettes de petits entrepreneurs, eux-mêmes sous-traitants de plus gros, eux-mêmes chevilles ouvrières de promoteurs qui s'en lavent les mains. Tant que coule le béton, hein !

Je passe souvent le matin devant la Plateforme du bâtiment. Ces types semblent si tristes. Pas tristes d'aller travailler pour des charognards, non, tristes de ne pas avoir été choisis. Du regret plein les regards, regret de ne pas s'être levé plus tôt, regret de ne pas s'être mis sur le trottoir d'en face, regret de ne pas avoir abordé cette camionnette avant. Regret d'avoir eu l'air trop petit, trop faible, trop roublard, trop gros, trop noir, trop sans-papiers, trop seul. Parfois il y a des bagarres, d'autres fois des petits groupes s'entraident, par complémentarité de compétences, même si, là encore, tout s'achète, en nature ou en service.

La solidarité ? Rien ne prévaut sur l'intérêt personnel. Tout au plus quelques-uns de ces intérêts peuvent-ils se confondre un moment. Une solidarité grégaire.

*

L'exploitation de la misère par la misère, si elle n'est pas morale, est bien réelle, même si ça chatouille les bons sentiments. Chacun pour sa peau. J'ai pu le constater un jour en suivant une patrouille de police.

Pour se protéger du vent pendant les jours les plus froids de février, trois sans-papiers louaient à un homme une voiture épave stationnée dans un coin sombre de la rue d'Amiens, au cœur du quartier Saint-Lazare collé à celui de Saint-Mauront. Et pour se rembourser, voire gagner un peu d'argent, les trois SDF, originaires de pays du Maghreb, négociaient la vente de l'épave avec une famille de Roumains – le père, la mère et leur fils de bientôt 10 ans –, eux qui n'en pouvaient plus de passer leurs nuits sous les ponts.

C'est un contrôle de police qui a permis de reconstituer une chaîne de misère dont les Roumains représentent aujourd'hui à Marseille le dernier des maillons. Un récent régularisé qui reste en situation précaire, trois clandestins sans un sou et, encore en dessous, les ressortissants du pays le plus pauvre de la Communauté européenne, la Roumanie. Une tragédie de plus en plus ordinaire observée par les flics en premiers spectateurs.

Ce 10 février, donc, une patrouille descend la rue d'Amiens. À travers le pare-brise étoilé d'une Opel Astra défoncée, ils repèrent deux types se passant une bouteille tandis qu'un troisième discute par la fenêtre avec un homme dont le gamin se tient en retrait, collé à sa mère. Contrôle.

« On est tranquilles, on boit dans la voiture, ça caille, monsieur », se défend le passager de l'Opel. Sur lui, rien de délictueux : des cigarettes, un briquet et des clés. Une bouteille de whisky aux deux tiers vide trône toujours sur le tableau de bord. Dans la voiture, ça pue le tissu humide et rance, la poussière, le tabac froid, mais pas le shit. Un amas d'objets sans intérêt jonche la moitié du siège arrière. Pendant la fouille des trois hommes, la famille de Roumains est repoussée sur le trottoir d'en face. Ils observent la scène, nerveux comme si on leur enlevait une affaire. Le gamin ferme sa doudoune trop petite, la mère s'allume encore une clope, et le père, sous la visière de sa casquette marquée « Monaco », ne laisse entrevoir que ses moustaches. Il s'avance au bord du trottoir.

Les trois passagers n'ont pas de papiers d'identité mais promettent de les montrer après. « La voiture, elle est à qui ? » lance un flic. Ichem, le plus bavard, réplique sans hésiter : « À ma copine », celle chez qui se trouvent évidemment les papiers. Arrive un fourgon de police, et les trois hommes sont embarqués direction le commissariat de secteur pour démêler tout ça. Avant d'y grimper, Ichem échange quelques mots en arabe avec un autre type, mieux habillé qu'eux, une casquette de l'OM vissée sur la tête, les deux mains dans les poches d'un long manteau Adidas. Celui-ci vient interroger l'agent : « Y a un problème avec la voiture ? » Un flic réplique toujours à une question par une autre question : « Elle est à vous la voiture ? » Réponse instantanée : « Ouais… Enfin à ma copine. » L'agent commence son interrogatoire quand le père de famille roumain tape sur l'épaule d'un autre policier qui regagne son véhicule. « Eux vendre voiture… Possible ? »

Quelques gesticulations plus tard, on en sait plus. Les trois passagers devaient lui fournir des papiers du véhicule pour un peu plus de 100 euros et les Roumains seraient devenus les heureux propriétaires de l'épave pour y dormir, plutôt qu'à la mauvaise étoile. Et le père propose, tout naturellement, ce fric au fonctionnaire pour finir cette transaction. « La voiture, on va l'enlever », réplique l'agent même pas étonné. L'homme plonge dans la voiture en répétant le mot « possible » et en ressort, la bouteille de whisky à la main. « Possible ». Le flic laisse faire en le regardant remonter rapidement la rue d'Amiens, le goulot à la bouche et son fiston aux trousses. La mère, toujours clope au bec, les suit de loin. Au bout du bras, elle traîne un diable vide.

Au commissariat, Ichem, maintenant autoproclamé garagiste, affirme réparer les quatre voitures de sa femme. Samir se dit tunisien et Mohammed ne dit rien, la tête basse. La radio crachote le début de l'histoire : l'homme au grand manteau Adidas et à la casquette de l'OM possède la nationalité française depuis peu, vit de gâches, de petits commerces et de la location de l'épave à ces trois sans-papiers. Impossible cependant de prouver les transactions entre les quatre hommes. Une cinquantaine d'euros par semaine, disent-ils. Mais le problème de Mohammed est ailleurs. Profitant d'un instant d'inattention avant sa remise à la police des frontières, il saute la haute barrière qui entoure le commissariat de Félix-Pyat, se blesse à la main et à la cheville, file quand même en courant puis est repris. En route, menottes aux poignets vers le centre de rétention du Canet, il doit franchement regretter le calme de l'habitacle de l'Opel Astra stationnée dans la rue d'Amiens, au cœur du quartier Saint-Lazare de Marseille.

*

Dans les cités, comme on n'a pas de solutions pour les gens, on leur envoie les flics. Ça perturbe la routine des dealers. En dix ans, j'en ai vu des opérations de police. À la recherche des mains noires, ces types entrés dans le shit pour essayer de se trouver une porte de sortie.

Quand les autorités policières le décident, les journalistes sont mis au courant des opérations que l'on peut suivre au plus près. Ce matin-là, Sofiane rentre de l'école vers 11 h 30. Avant d'arriver chez lui au bâtiment B2 de la cité Félix-Pyat, il a déjà été fouillé cinq fois, des poches au sac, par des CRS, puis par des policiers de quartier et enfin par les agents d'une BAC sous le regard d'un douanier. Sofiane ne s'en agace même pas. Des contrôles de police, il en subit tous les jours. Il sourit : « Là, j'ai fait le plein pour la semaine. »

Des forces de l'ordre, une grosse centaine de CRS, ont investi le quartier. Ils bloquent les accès et sécurisent certains bas d'immeubles, pendant que les policiers de la sécurité publique, assistés de quelques douaniers, passent au peigne fin les barres A et B. Sous le regard goguenard de Karim, travailleur social, toutes les voitures sont fouillées de la boîte à gants au coffre. « Les gens ont besoin de travail ici, pas de flics », lance-t-il calmement. S'ensuit une rafale de PV indifférente à ses remarques.

Presque collée à un CRS cuirassé, « comme une tortue Ninja », ricane un gamin, une mamma comorienne discute avec une autre penchée depuis son balcon, au deuxième étage. Il y est question de garde des petits et de listes de courses. L'opération policière n'a pas l'air de perturber grand monde. Au fond, dans ces cités, les flics finissent par faire partie du décor, aussi décrépi à l'extérieur qu'à l'intérieur des immeubles. Au bâtiment A2, les boîtes aux lettres ont été arrachées. Difficile de se croiser dans ces couloirs étroits encombrés par les hommes en uniforme. Au premier étage, des agents recensent les objets abandonnés dans une colonne sèche. « Des roues de quads », s'étonne le plus grand. Au deuxième, entre quatre murs dégueulasses, face à un fenestron défoncé qui laisse entrer le froid, gît le fauteuil dégoûtant d'un guetteur. L'arrivée des poulets l'a forcé à prendre son envol, lui qui, normalement, reste là dix heures par jour pour une cinquantaine d'euros, dépensés presque intégralement en fumette.

Un vacarme ! Les flics se ruent, montent les marches quatre à quatre jusqu'au neuvième étage où le probable guetteur vient de s'engouffrer dans un appartement. La mère ouvre, l'ado s'est planqué dans la cuisine. Un peu de shit, des sachets d'herbe et il se retrouve avec les menottes. « Il est connu de la police, votre fils ? » demande un agent. « Je ne sais pas, il va à l'école. » Apparemment, il dépasse rarement le deuxième étage et son poste de vigie.

Sur chaque palier, un chien des stups renifle toutes les portes. Il en gratte une du quatrième étage. « Ouvrez ! police ! » Au bout de dix minutes, alors qu'un gradé demande l'autorisation au procureur de pénétrer dans l'appartement, la porte s'entrouvre sur une jeune femme. « Je dormais. » Mais le lit est fait, la télé balance les salades de BFM et ceux qui sont plantés devant ne s'offusquent même pas de l'arrivée de tous ces flics. Tout sera retourné : rien. « Soit elle a tiré la chasse avant de nous ouvrir, soit le shit n'a fait que transiter ici et il n'y est déjà plus », explique un flic blasé.

Dehors, les gamins qui rentrent de l'école attendent de pouvoir aller se réchauffer chez eux en faisant l'inventaire méticuleux de l'équipement des flics. Dans ces quartiers, dès 10 ans, on sait faire la distinction entre les différentes versions de Flash-Ball. On évalue l'usure des tonfas, les bâtons de combat des flics, et on connaît la marque des flingues policiers. Et quand on entend le mot « BAC », franchement, on ne pense pas au diplôme.

II

La tête en vrac

À bientôt 14 ans, Kevin est un BAC + 7, et il n'en est pas peu fier. Sept interpellations par des brigades anticriminalité, des BAC, suivies de sept gardes à vue, ont fait de lui un « mec respecté dans la cité ». Pour le moment, il remet les lacets à ses chaussures en fanfaronnant devant l'Évêché, le petit nom de l'hôtel central de police de Marseille. « Les flics nous enlèvent les ceintures et toutes les ficelles de nos vêtements pour pas qu'on les étrangle. » Kevin, évidemment, ne s'appelle pas Kevin, mais s'est choisi le nom du « parfait Blanc », celui qui ne connaît pas la « galère ». Ça le fait marrer.

Cette fois il a été interpellé pour avoir « regardé un copain arracher le sac d'une vieille ». Le copain en question – « il est BAC + 5 maintenant » – va être déféré devant le parquet de Marseille. « Moi, j'ai rien fait, j'ai juste fui avec mon collègue, alors les flics m'ont relâché. » L'arrachage de sac, c'est pourtant son truc à Kevin, « cinq interpellations pour ça ! » lance-t-il fièrement en chaussant ses baskets crades. Ce qu'en pensent ses parents ? « Mon père, je ne l'ai jamais vu, et ma mère me gueule après tout le temps. » Et quand elle ne gueule pas après lui, c'est après l'un de ses trois frères ou l'une de ses deux sœurs. « Mais le plus souvent, elle gueule en l'air après mon père qui l'a laissée dans cette merde », précise l'ado en allant prendre le bus. « Ma mère, je ne la crains pas, les flics je m'en bats les couilles. » Et la justice ? « C'est des flics en robe. » Kevin ne connaît rien d'autre que la provoc et l'opposition à l'autorité publique. La cité, c'est chez lui. « L'école, ça ne sert à rien, pour nous il n'y a que des boulots pourris, quand y en a ! » Son avenir : « Je vais chez un pote ce soir et on va jouer à la PlayStation en fumant des joints. » Son destin social, tout tracé selon lui : soit il se range et devient « agent de sécurité ou maçon », soit il s'offre l'illusion d'une vie sans contraintes où on prend ce qu'on ne possède pas. « Je serai quelqu'un de puissant, de craint et de respecté », même s'il faut en passer par la case prison : « Ça fait partie du métier. » Son bus arrive et il monte sans ticket. La pénurie, bien plus qu'un manque quotidien, forge un mode de vie. Braver la loi devient un principe.

Au pied d'un immeuble de la cité des Cèdres, dans le 14e arrondissement de Marseille, un groupe d'adolescents discute des caillassages de policiers qui, la semaine précédente, ont valu la prison à cinq des leurs. « Les flics nous contrôlent tout le temps, pour rien, parce qu'on est des Cèdres », enrage un échalas coiffé d'une casquette griffée Louis Vuitton. « La prison, c'est pour nous faire peur, pour nous mettre la pression, renchérit un autre en short à fleurs, mais tant qu'ils nous emmerderont, on n'en voudra pas ici, des condés. » Ni les pompiers ni les facteurs, eux aussi caillassés, ne sont les bienvenus. « On est chez nous ici. » L'un sort d'un entretien d'embauche « foiré », l'autre va à l'école « pour la forme » et un dernier bosse « au noir dans une carrosserie ». L'idéal républicain de l'égalité des chances, ça la fait bien marrer cette armée de Kevin dont le quotidien, les jugements, les valeurs et la norme sont dictés par une seule chose : la galère.

Tout ce que font ces gosses obéit à une seule loi, celle « de la cité, de la rue ». Même inconsciemment, et aussi par effet de groupe, ils sont guidés par la révolte et le refus de toute autorité. Tout les conduit à contester les lois de la République. Et en réponse, depuis dix ans, les lois sécuritaires n'ont cessé de se durcir. Une réaction collective de défense face à un adversaire insaisissable, un adversaire social non identifiable. Ce durcissement des lois antidélinquants, inefficace, ne leur offre finalement qu'un élément de plus à contester. Une sélection de caïds, les plus chevronnés, par les lois les plus rudes. Les autres se plaignent de la stigmatisation. « On n'est pas tous des délinquants aux Cèdres, précise celui qui porte un short à fleurs, on est des mecs bien pour la plupart et on traîne juste le soir avec des potes qui ont tourné voyous. Ils nous racontent leurs aventures, les poursuites avec les flics, les interrogatoires, la prison… » C'est encore mieux qu'à la télé. Un blondinet silencieux jusque-là l'interrompt. « Les plus teigneux, la prison ils s'en foutent. » Il ajoute avec l'air de celui qui sait : « La prison, c'est une formation accélérée pour monter en puissance dans la délinquance. »

On discute des heures. De l'épopée de bagarres entre caïds de quartiers, « et ça, les flics et les juges n'y pourront jamais rien », à un récent caillassage de flics, « absolument pas prémédité » plutôt « spontané » dont chacun s'est mêlé sans avoir la moindre idée d'un risque de sanction. Jusqu'à la tombée de la nuit, le groupe se déplace avec l'ombre d'un immeuble. En refaisant le monde, son monde. Parmi eux, Farid, l'un des teigneux décrit par le blondinet des Cèdres. Farid n'est pas son vrai prénom mais celui qu'il s'est choisi pour l'occasion. Un prénom réaliste. Farid, 25 ans, affirme avoir « arrêté les conneries ». Il s'est même installé en couple, il travaille dans une quincaillerie où il embauche « tôt le matin », il paye des impôts, va voter « à l'occasion » et envisage d'« avoir un gosse ». Farid s'est socialisé. Après des années de « BAC plus » ! Il ne sait même plus combien et en rigole. « Je dois être à BAC + 100. Quand j'étais minot, dès mes 11 ans, je finissais en garde à vue trois fois par semaine. » Un coup pour un feu de poubelle, un autre pour des jets de pierres sur des voitures du haut d'un pont ou bien pour racket de camarades. Des bagarres, des bagarres, des bagarres… « J'étais un sauvage, toujours à crier, à frapper, à vouloir être le plus fort. J'étais le chef d'une petite bande de merdeux qui me suivait partout et on faisait tout ce qui nous passait par la tête. » Il aurait pu mourir vingt fois en nageant dans les dangereux canaux qui traversent la ville, en explorant des locaux électriques d'EDF ou en grimpant sur des toits « pour jeter quelque chose sur quelqu'un ». Une mère rapidement débordée : « Elle ne pouvait rien faire pour [l]'empêcher de nuire. » Un père absent. Une école très vite buissonnière. Constat lucide : « On peut dire que je n'étais pas très sociable. »

Ultra-connu de la police comme de la justice, Farid passe toujours devant les juges « avec un sourire provocateur. Une sorte de "je vous emmerde tous" ». Si la solennité d'une cour de justice, avec ses codes et ses symboles, dissuade plus de 95 % des primo-délinquants de récidiver sans en passer par de lourdes sanctions, comme me l'expliqua un jour Christine Bartolomei, présidente du tribunal pour enfants à Marseille entre 2000 et 2010, Farid fait partie des 5 % d'irréductibles. Les travaux d'intérêt général : « Je ne les faisais pas. » Les foyers spécialisés : « Je fuguais. » La prison : « J'y ai soufflé mes 14 bougies. » Et au bout du compte, rien ne matait ce gamin « en guerre contre tout le monde ». À tel point qu'un juge pour enfants finit un jour par l'envoyer dans un foyer particulièrement strict pour adolescents difficiles. Il y entrait à 15 ans et en sortait à 18 ans. « Transformé ». « Autant je me foutais des décisions de la justice, puisque je ne la légitimais pas, autant les sanctions des éducateurs qui accompagnaient mon quotidien m'ont affecté et progressivement fait réfléchir. » Sa loi, celle du plus fort, a peu à peu laissé place aux règles de la vie en communauté. « Je ne savais que défier – les autres, la police, la justice –, j'ai appris à respecter. »

*

Boule, l'ado grassouillet que je croisais parfois à Kalliste, même s'il était d'ailleurs, avait ceci de particulier de toujours parler la bouche pleine. Pas seulement parce qu'il bâfrait tout le temps, mais parce qu'il jetait toujours un morceau dans sa bouche dès qu'il avait un truc à dire. Un peu comme s'il chargeait sa machine à parole. D'ailleurs, quand les flics l'ont retrouvé criblé de 7,62, de la bouillie de chips coulait de sa gueule. Un peu ses dernières volontés. Il voulait s'engraisser, devenir un gros, le caïd de sa cité. Ces jeunes pensent leur carrière de gangster comme celle d'un footballeur. Égoïstement. Sans se soucier de leur équipe.

Dans les halls d'immeubles des cités de Marseille, par-dessus tous les sujets de discussion, triomphent les histoires de la voyoucratie locale. Entre légendes urbaines et réalités quotidiennes, le moindre fait divers, le plus petit braquage, les derniers règlements de comptes en date, l'éphéméride des entrées et sorties de prison font l'objet des recoupements les plus fins et des analyses les plus réfléchies, dignes de flics bien renseignés. Le mythe est le carburant de l'ambition. Et l'ambition, le moteur de toute délinquance. L'émancipation par le crime reste la seule voie pour ceux qui ne croient pas aux diplômes, n'ont pas le sens de la chose publique ou du commerce. Études, réseaux politiques et créativité permettent de tendre de toutes ses forces vers une vie meilleure, mais ceux qui n'y ont pas accès s'imaginent s'élever par des chemins souterrains, sans vraiment réaliser qu'ils s'y enfoncent.

Farid Berrahma en est le meilleur exemple. Trait d'union entre le banditisme des héritiers de la French Connection et les caïds de cités, il demeure le modèle de ces quelques jeunes que le crime chatouille. Farid Berrahma avait un cancer depuis l'âge de 17 ans. Persuadé qu'il allait mourir rapidement, il s'est laissé submerger par la tentation de l'adrénaline, flingue et cagoule en poche, pour en fait plus longtemps que prévu, puisque sa maladie avançait moins vite que redouté. Son nom reste associé à la violence dans le milieu. Et que son histoire relève ou non de la légende, peu importe puisque tout le monde doute. Le doute en guise de canon pointé sur la tempe, qui fait trembler même si l'on n'est pas sûr que l'arme soit chargée. Elle peut l'être, et ça suffit.

Il n'avait pas encore été tué en avril 2006 quand, juste avant, un flic de la police judiciaire de Marseille me brossait le portrait du bonhomme. Le fonctionnaire m'avait fixé rendez-vous au Cercle des nageurs de Marseille, repaire de flics intrigants, de voyous diplomates, de politiques soupçonneux, d'une bourgeoisie locale émoustillée et de sportifs de haut niveau flattés, certains membres de cette « *place-to-be* » marseillaise mélangeant un peu tout ça.

Le flic avait garé sa Porsche et s'excusait des gouttes de peinture qui perlaient sur ses avant-bras. Pendant ses nombreuses semaines de récupération, il retapait des appartements qu'il louait ou revendait ensuite, possédant ainsi tout un petit réseau de sociétés civiles immobilières, les SCI, payant, entre autres, l'essence de son Boxster. Sympathique et compétent, il tirait sur une paille quelques gorgées d'Orezza en racontant un scénario digne d'un bon film de flingues. En notant, je me reconstituais les scènes.

Farid Berrahma avait, semble-t-il, la fâcheuse habitude de faire zigouiller ses anciens porte-flingues par ses nouveaux porte-flingues, avec toujours la même signature : des balles dans la tête et des victimes incendiées dans leur voiture. Un crime appelé de manière presque bucolique « homicide barbecue » – plus d'une dizaine quand même, selon mon flic, entre 1999 et 2001 – et Berrahma gagnant là le surnom de « Rôtisseur ». Logique. Avant ça, le malfrat avait été mis en examen pour association de malfaiteurs, trafic de cocaïne et de cannabis, aux côtés du parrain marseillais Francis Vanverberghe, dit « le Belge », assassiné en

2000 à Paris. C'est le beau-frère de celui-ci, Tony l'Anguille – que j'allais rencontrer plus tard –, qui l'avait lancé dans la cour des grands. Le voilà donc fiché au grand banditisme. Farid gagnerait sa stature de caïd, autonome et ambitieux, dans le milieu des machines à sous, d'abord à Salon-de-Provence, puis rapidement à Marseille et dans tout le département. Dès 1998, selon son avocat Michel Roubaud, il s'était réfugié en Espagne pour échapper à une tentative d'assassinat. Ensuite a débuté la période des homicides barbecue, qu'il aurait pilotés de là-bas.

La mise en place du système d'élimination en cascade visait à prévenir toute trahison de ses hommes. Par exemple, le duo composé d'un ancien boxeur, Abdel Djendoubi, et de Raphaël Liminana travaillait dans un premier temps avec les frères Yvon et Serge Fuentes dans la région de Salon-de-Provence pour relever les compteurs des machines à sous de Farid Berrahma. Les Fuentes, eux, auraient réglé leur sort à Éric Show et Olivier Monge, précédents flingueurs aux ordres de Farid Berrahma. Sentant venir leur tour, ils prenaient la tangente lors d'une longue cavale ponctuée de braquages, dix-sept au minimum, et d'un flingage avec les flics quand, au cap d'Agde (Hérault), après avoir tiré sur le videur d'une boîte de nuit, les deux frères trouvaient des policiers en train de fouiller leur chambre d'hôtel où Serge venait récupérer une arme oubliée. Ils parvenaient à s'échapper. Quelque temps plus tard, Serge était retrouvé « rôti » dans sa Citroën Xsara à La Fare-les-Oliviers. Les enquêteurs soupçonnèrent le tandem Djendoubi-Liminana avant de coincer Yvon à Port-la-Nouvelle (Aude), en 2004, et de le mettre à l'abri en prison. Berrahma fut soupçonné d'être le commanditaire de l'élimination barbecue du binôme Djendoubi-Liminana, qu'il soupçonnait, lui, de détourner les recettes de ses machines à sous.

Il aurait fait endosser leurs meurtres aux frères Fuentes auprès du beau-frère de Djendoubi, un certain Néné Grabsi, qui mettait alors son équipe au service du « caïd de Salon-de-Provence ». Une sacrée bouillabaisse où petits et gros poissons se font mutuellement cuire.

D'autres, tel un dénommé « Couscous » qui faisait la chèvre (attirer les futures victimes dans un guet-apens), ont probablement « rôti » sur l'ordre de Farid Berrahma. En tout cas, les homicides barbecue se sont arrêtés après son interpellation – sur mandat d'arrêt international – en 2001 dans un bar de Marbella.

La justice espagnole le gardait trois ans en prison pour trafic de drogues. En janvier 2004, le tribunal d'Aix-en-Provence le condamnait par défaut, car il était toujours détenu en Espagne, à dix ans de prison pour association de malfaiteurs dans une affaire de placements de machines à sous. Ses avocats obtenaient la relaxe en appel. En août 2004, la France le récupérait par extradition et il se retrouvait mis en examen pour « association de malfaiteurs et importation de stupéfiants en bande organisée », le réseau Topaze, un trafic de cocaïne avec des anciens de la French Connection. Un an plus tard, il retrouvait sa liberté en attendant son procès devant le tribunal de Grasse (Alpes-Maritimes). Une liberté qui allait finalement lui coûter la vie. Celle-ci l'a lâché avant ses 40 ans dans ce qui ressemble plutôt à un suicide. Dans une brasserie, Les Marronniers, dans le 14e arrondissement de Marseille, dos à la porte (inconcevable chez un voyou), en train de regarder un match de foot Lyon-Milan à l'intérêt limité pour un Marseillais. Quand le commando a surgi, il a sorti son Glock, l'arme des pros, par réflexe, et sauté derrière le comptoir pour y finir sa vie plus lourd de treize balles de différents calibres. Mort dans l'arme. À choisir entre ça et finir sur le billard, il aurait sûrement pris cette option-là. La semaine suivante, une ablation quasi totale de son estomac, mis en charpie par près de vingt ans de chimio, de cocaïne et d'ulcères, ne lui aurait laissé qu'une chance sur trois de s'en sortir debout. Comme un Viking, il aura préféré mourir l'arme à la main.

C'est sa nièce qui m'a raconté sa maladie. Dany, plus âgée que lui, honnête à s'en faire bonne sœur, a tout essayé pour le faire décrocher. « Il en avait envie, depuis longtemps, mais me répétait qu'on ne le laissait pas arrêter. » Comme son cancer, son banditisme le bouffait de l'intérieur et lui revenait inexorablement, quoi qu'il fasse pour s'en débarrasser. Farid Berrahma avait grandi à Saint-Joseph, dans le 14e arrondissement, où il revenait parfois. D'une voix de fumeur de cigarettes de contrefaçon, un homme bien abîmé par la vie m'y a raconté sa dernière rencontre avec lui : « Il montait les escaliers et, en passant devant chez moi, il a vu ma petite – elle avait 8 ans – qui pleurait. Il s'est agenouillé, lui a demandé pourquoi, et elle lui a montré les huissiers et les types qui vidaient tout chez nous. Il a demandé au mec en costume à combien montait ma dette puis a passé un coup de fil. Ensuite, il est monté sans rien dire. Vingt minutes après, un type arrivait en scooter TMax et filait 11 000 euros à l'huissier en lui disant fermement de dégager sans poser de questions. Je n'ai pu remercier personne. Je ne les ai jamais revus. »

Cette image de bon Samaritain n'est pas restée ; celle de rôtisseur, oui. Meilleure pour les affaires.

*

C'est pas le tout de vouloir jouer les rôtisseurs devant un hall d'immeuble pour tuer le temps, ou de s'inventer un personnage, mais quand on est pris au mot, quand on s'est fait gangster pour de vrai, il faut aller jusqu'au bout. Hésiter, c'est mourir. Agir, c'est mourir aussi, mais plus tard, et ça laisse le temps de profiter un peu de cette vie impossible.

« Une vie de gangster, ça se joue sur un coup de poker ! » me lançait, en 2010, un gamin des Micocouliers que m'avait présenté un éducateur du quartier. Celui qui se faisait appeler « Luciano » (Samir de son vrai nom) était tout juste majeur, beau gosse aux cheveux longs, prétentieux et méprisant. À l'écouter, il savait tout, car il s'était constitué une épargne de certitudes dans laquelle il puisait toutes ses affirmations péremptoires. Il ne craignait personne, ni la police ni la concurrence. Il savait déjà comment devenir le plus gros des gros, comment déjouer tous les pièges. Et c'est vrai que, depuis, lui n'est pas mort. Mais, autour des Micocouliers jusqu'à Bassens d'un côté et Font-Vert de l'autre, depuis 2008, on a compté une bonne vingtaine de jeunes au tapis dans une guerre complexe faite de luttes pour les marchés, de trahisons multiples, de vengeances aléatoires et d'assassinats pour en prévenir d'autres. On n'est jamais trop prévoyant. Il semble que les morts soient désormais plus nombreux que les vivants. Les combats s'arrêtent faute de combattants, en attendant que les camps se refassent un jour ou l'autre. Samir, qui ne se fait plus appeler

Luciano, a désormais comme un petit sourire triste d'un côté de la bouche, une brûlure profonde et blanchâtre qui a fini de dévorer son assurance.

« Tu te rappelles, mon délire c'était de devenir un gros. Je fumais pas trop, je réfléchissais beaucoup, j'apprenais *de longue* [« tout le temps » en marseillais] et je me tenais au courant de tout… de qui fout le bordel, de qui est calibré, de l'endroit où tapaient les flics. Je payais des minots pour aller jeter un œil dans les appartements vides pour pas que les condés, ils les utilisent comme planque. Franchement, je voulais faire bien les choses. Je me suis fait collègue avec les vieux de Font-Vert, avec les nerveux des Flamants, avec chaque nouveau dealer des Micocouliers, j'ai écouté, jamais bavé, je disais rien à personne et tout ce que j'apprenais n'était que pour moi. J'arrivais à travailler pour trois réseaux en même temps et je vendais même pour moi le jeudi après-midi au milieu du Roucas-Blanc chez les riches qui payaient plus cher pour du produit presque à domicile. Je m'habillais comme un beau voyou, sauf au quartier. J'étais en place. » Une grosse taf aspirée de son côté valide, Samir décrit son apogée : « J'ai d'abord travaillé pour d'autres, puis j'ai travaillé pour moi. Ensuite, j'ai fait travailler les autres. » Il souffle de son profil moche. « Un jour, un gros que je connaissais bien m'a invité chez lui, pour parler business, pour nous associer sur une affaire… J'allais devenir un incontournable. Chez lui, sa mère préparait un couscous quand je suis arrivé. Il y avait deux de ses gros bras et sa gonzesse du moment, et une autre fille trop bonne que je comprenais être pour moi, pour plus tard. On n'a pas discuté affaires tout de suite, on a fumé des joints, la fille s'est collée à moi en se frottant avec un putain de regard de cochonne, et puis on a bu un peu de whisky et ça sentait le ras el-hanout et la beuh dans la maison. Couscous, *ganja* et fille trop bonne, le paradis ! Puis le gros caïd m'a fait signe de le suivre. J'ai compris que c'était pour parler affaires loin des autres, dans le calme de la cuisine d'où était sortie sa mère. Il n'y avait que le bruit de la Cocotte-Minute qui tournait à fond. On s'est placés à côté pour couvrir le son de nos voix. Là, il a changé de tête et m'a dit qu'il n'était pas trop content de moi. J'ai pas eu le temps de réagir, les deux autres mecs étaient derrière moi pour me coincer et me tenir la tête au-dessus de la vapeur qui sortait en sifflant, et ils m'ont laissé là jusqu'à ce que je leur dise tout ce que je savais, et même ce que je ne savais pas. Je ne sais pas combien de temps ils m'ont tenu comme ça… jusqu'à ce que ça fasse ça. » Devant mes yeux, sa tête de méchant défiguré sorti d'une BD de super-héros. Il retient la fumée pour oublier la brûlure.

Sa carrière s'est arrêtée là. Depuis, Samir a quitté Marseille grâce aux quelques billets qu'il s'était mis de côté. Lui seul sait où il se trouve. Dans ce milieu, les gros se choisissent leurs successeurs. Samir avait tenté le bluff, comme au poker, en jouant les cadors alors qu'il n'était qu'un tocard. Et ça n'a pas marché. On lui a fait comprendre que le jeu était fini. Mais quand ce genre de diplomatie échoue, il reste toujours l'élimination physique, finalement pas si fréquente.

III

Kader

L'homicide fait partie du boulot. On en survit comme on en meurt. C'est vrai ! Mais la chose a tellement été répétée qu'on ne s'en émeut même plus. On s'en réjouit même parfois. « Tant qu'ils se tuent entre eux, ce n'est pas grave », a plusieurs fois glissé Jean-Claude Gaudin, le maire de Marseille. Celui sous le règne duquel les meurtres entre gamins de quartiers de la ville ont prospéré – plus de 280 morts par règlements de comptes en vingt ans – ne regrette, au fond, que le déficit d'image encaissé alors par Marseille. Un agacement de publicitaire dont le produit serait entaché, même si c'est par une défaillance de ce même produit. Ça n'est pas bon pour les affaires une mauvaise image, ça fait hésiter les touristes et fuir les investisseurs... La santé de la ville n'étant déjà pas des plus rassurantes... Mais en maquillant correctement la belle malade, elle finira bien par plaire ! Et voilà que des morts violentes trop régulières viennent tout compromettre ! Ça l'agace Gaudin – et prodigieusement – qu'on le bassine avec les kalachnikovs et ces cités labellisées « quartiers nord » partout dans sa belle ville qu'il ne voudrait que provençale. Alors, qu'ils se liquident entre eux... ! Entre habitants de ghettos aspirés par les embrouilles, souvent par vulnérabilité.

Comme si le politique n'avait pas sa part là-dedans… Le cynique déni du maire reflète sa panique d'être aussi responsable d'une lente hécatombe. Un venin pour achever les faibles. « Tant qu'ils se tuent entre eux, ce n'est pas grave. » Et tant pis si ce maire démocrate-chrétien se trouve en accord avec le Front national local, qu'il a tant couvé par ailleurs. « Sonny, Nadir, Kader, Nabil… Les chacals se dévorent entre eux ! Qui s'en plaindra ? » écrit en lettres capitales Stéphane Ravier, alors conseiller municipal Front national, sur son blog le 29 décembre 2011. Et trois ans plus tard, en 2014, le voilà maire des 13e et 14e arrondissements, ce secteur de plus de 300 000 habitants, souffrant de tant de misère et de son corollaire, les règlements de comptes entre jeunes. Il aura su s'en servir pour se faire élire par les rares habitants qui votent encore, eux.

Je connais bien la mère d'un de ces chacals que je rencontre toutes les semaines et parfois tous les jours chez elle au bord de l'autoroute nord. Maman chacal n'en finit pas de pleurer son rejeton, tout en protégeant ceux qui lui restent. Souad Berrouag, c'est son nom, se voit comme une injustice que les autres abordent avec soit une curiosité malsaine soit un dédain protecteur. Son corps est gonflé comme un chagrin ; son visage plein de larmes, aux yeux pénétrants de nostalgie, sa bouche se forçant souvent à sourire de pudeur, comme pour s'excuser de n'être plus que douleur. Les photos de son fils couvrent le mur du salon bien kitch, des photos bien grandes et brillantes, placées au-dessus d'une fenêtre aux vitres cassées, obturées de cartons, et sur des murs aux fissures toujours plus larges à chaque nouvelle explosion venue de dehors, ces chantiers de la future rocade de Marseille, la L2, qui se rapprochent de chez elle. Les clichés racontent les vingt-deux années du fiston, gondolés dans une armoire vitrée fermée à clé, entourés de mille babioles, autant de fragments de souvenirs du monde d'avant le « massacre », comme elle dit.

Le massacre, elle en parle avec la précision de ceux qui ont refait l'histoire mille fois, avec les proches, avec les flics, avec les avocats et les habitants qui en savent toujours un peu plus qu'ils ne veulent en avoir l'air. Un massacre qui se rejoue avec son reflet dans le miroir, ses rêves dans son sommeil, devant la télé, en préparant ses enfants qui vivent encore, eux, en relançant sans cesse les enquêteurs, l'avocat qui ne répond jamais ou du moins fait traîner, et en répondant aux télévisions qui viennent filmer maman chacal en pleurs, en lui laissant croire que ça fera forcément avancer les choses. Toutes les misères s'exploitent, même le désespoir. Surtout le désespoir. Cette équipe de W9, sous-marque de M6, qui, début 2015, passait au harcèlement téléphonique pour infléchir son refus de se laisser manipuler dans une nouvelle mise en scène pathétique. Et ce grand cameraman culpabilisant, qui multipliait les visites agacées. Si maintenant même les miséreux résistent ! Eux qui habituellement se montrent bien dociles avec un peu d'espoir au bout d'un bâton. Parce que dans les cités, les télés sont allumées dans tous les appartements, BFM-TV et M6 en tête, pour se donner l'illusion d'appartenir à ce monde et à son brouhaha plein de bandeaux déroulants et de visages floutés. Une fenêtre vers l'extérieur du ghetto. Lorsqu'un jour Souad m'a vu à la télévision, à peine deux minutes au 13 heures de France 3 Régions, elle m'a inondé de SMS comme si j'étais George Clooney. Les filles de Souad, elles, sont sur Facebook.

On s'y côtoie, s'y observe et s'y espionne entre habitants d'un même quartier. Les ghettos 2.0. Et ceux qui ont probablement tué son fils Kader, le jeune chacal, s'y balancent des « lol » et des « poke » comme tous les ados de leur temps.

Le soir de la mort de Kader, fin juin 2009, il fait très chaud, je suis de permanence pour mon journal. De toute façon, je suis le seul à couvrir les faits divers et les pompiers ne connaissent que mon portable. Direction les quartiers nord et l'hôtel Campanile. À hauteur de voiture, les types qui partent se saouler dans les boîtes de nuit aixoises ont juste le temps de voir scintiller les gyrophares bleus des flics et orangés des marins-pompiers. À 120 kilomètres à l'heure pour les plus sobres et par une nuit sans lune, c'est bien joli pour eux toutes ces couleurs qui égayent le bord de l'Autoroute du Soleil à la sortie de Marseille. Même si, au fond, ils le savent, ces scintillements ne sont rien d'autre qu'un phare qui alerte d'un malheur.

Une grande pancarte indique l'hôtel et encourage sans honte : « Profitez de notre terrasse ! » Une sorte de bâtisse en toc, comme fabriquée par des enfants géants et pensée par des types soucieux de ne pas investir trop de fric dans l'affaire du moment où les clients peuvent venir baiser tranquillement ou se planquer des regards pour d'obscures raisons. Arrivé dans les premiers, je joue de ma gueule de flic pour me joindre à ceux que je connais et qui portent leur brassard officiel. Devant l'entrée de l'hôtel, un gradé en uniforme s'approche pour les informer que tout est calme, qu'un périmètre de sécurité est en place, que des types des cités voisines commencent à arriver à mesure que les SMS se propagent, qu'il y a des CRS en cas de besoin, que ça ne devrait pas être nécessaire, mais qu'on ne sait jamais, les mouvements de foule ça part d'un coup.

Dans l'air flotte une odeur de chlorophylle, de celle qu'on renifle sur les terrains de foot en vraie pelouse quand il y en a encore dans ces quartiers nord, une odeur presque bucolique d'herbe retournée par de grosses bottes de cuir. Celles des marins-pompiers qui ont fini leur boulot : juste constater l'heure du décès, ce 28 juin 2009 à 1 h 30. Les policiers du quartier, arrivés les premiers sur les lieux, ont relevé, dans une sobriété tout administrative, « la présence d'un véhicule de marque Seat de type Leon avec, à son bord, au niveau du siège passager avant, un individu inerte présentant une plaie par balle au niveau du crâne, la tête au niveau de l'assise du siège passager et dos au pare-brise ». La position d'un mec qui a eu la trouille de sa vie, la dernière avant sa mort. Une vie vécue comme un suicide. Deux plaies sur le crâne à gauche, une autre au cou… Beaucoup de sang sur la tempe droite… Le cerveau en purée.

Tout est fini. Voilà Kader sur le dos, une flaque de sang comme une auréole, belle petite gueule d'Arabe, traits fins, la bouche en forme de sourire et des cheveux frisés, faisant de lui, plus que jamais en cet instant – je m'en apercevrai plus tard –, le parfait sosie de son père. Le flic qui a placé ses pieds en canard de chaque côté de son crâne incline la tête sur la gauche en mâchant son chewing-gum. Il connaît cette tronche. Son collègue, accroupi à faire les poches du macchabée, la connaît aussi. Un peu. C'est Abdelkader Berrouag, 22 ans, dit « Kader ». « Il habite cité du Vieux-Moulin à Saint-Antoine, dans le 13e arrondissement », résume le gradé en parlant au présent. Un temps étrange comme l'odeur d'herbe écrasée qui se répand dans l'atmosphère bleutée des gyrophares. Ces flics, quinquagénaires, en ont plus qu'assez de ramasser au tapis des minots comme Kader. Ils préféraient, au siècle dernier, le temps des beaux mecs côtoyés pendant une longue garde à vue, de ceux pour lesquels ils ne pouvaient s'empêcher de ressentir un peu d'admiration, de l'affection presque. Le chef de la brigade criminelle de l'époque, Jean-Christophe Moustacakis, aussi compétent que désabusé, s'en lamente souvent. Avant, il y avait du respect, mais tout fout le camp ! Impossible d'avoir une discussion avec ces gamins qui ne sont qu'insulte et haine, qui n'acceptent pas les règles du jeu. Un bandit, ça fréquente les flics, évidemment contre son gré, mais ça fait partie du boulot. Les vieux flics se souviennent des cadors d'antan qui, même s'ils se taisaient mieux que personne, étaient capables d'échanger quelques amabilités et banalités, le temps d'une cigarette. Aujourd'hui, les insultes et les provocations se voient jusque sur les écrans d'ordinateur mouchetés de postillons.

Finalement, la nouveauté, ce n'est pas la cruauté ou la sauvagerie dont peuvent faire preuve les voyous modernes, ni même la perte du sens de l'honneur prêté aux bandits traditionnels. Foutaise ! C'est bien ce défaut de communication entre policiers et malfrats qui ne cesse de se creuser comme une lèvre gercée. Avant, une audition de garde à vue, c'était d'abord un encerclement psychologique très intime. Aujourd'hui, c'est devenu un affrontement violent. Le bandit à l'ancienne acceptait sa confrontation avec la police, ce qui ne l'empêchait ni de mentir ni de se taire. Les mecs comme Kader, eux, refusent aux flics le droit de faire leur travail. Pourquoi ? Parce qu'ils ne se sentent pas de ce monde, de cette société. Les écouter une minute suffit à le comprendre. Pour Kader, la délinquance était un ascenseur social, mais qui n'a pas grimpé bien haut. Puis il y a les blessures subies au quartier : contrôles, stigmatisations, rejets, comme des douleurs imposées. Et la police reste quasiment le seul trait d'union avec ce truc qu'on appelle la République ; leur rejet de la police est total. Ce n'est pas que les enquêteurs gênent leur émancipation par le crime, ni même qu'ils risquent de les conduire en prison – autant d'étapes obligées et acceptées –, mais l'idée que cette société qui les a enfermés ne leur laisse comme sortie que la voie criminelle – pour les condamner en plus –, c'est trop. « Qu'ils aillent se faire foutre ! » Au poignet de Kader, brille une Rolex neuve de 5 000 euros. Comme quoi, finalement, il n'a pas raté sa vie.

L'enquêteur se plante tel un cow-boy mécontent à l'entrée d'un saloon, entre les deux portes ouvertes du camion de pompiers où est prise en charge la poulette de la victime. Trop de sanglots dans la voix pour qu'elle raconte quoi que ce soit, lui dit le sauveteur. La silhouette du flic se découpe dans les phares des véhicules sombres qui continuent d'arriver par une petite route.

Crachant son chewing-gum, il s'en va accueillir ses collègues de la police technique et scientifique, comme c'est écrit sur leurs tuniques trop longues et un peu ridicules. « On a un jeune de 22 ans au tapis, résume-t-il de son ton le plus neutre, tué par balles à la place passager de cette voiture-là ; on n'en sait pas plus pour le moment. » Ils en ont trop vu, des choses sales comme ça, pour s'en émouvoir, les flics de la police judiciaire, comme de la scientifique d'ailleurs, et ils font le job avec le détachement d'un boucher. La photographe immortalise le mort. On relève les empreintes sur et dans le véhicule. Et tout ce qui traîne est ramassé puis noté avec des numéros de scellés. « On a un mec qui affirme être le conducteur de la voiture », avertit le gradé zélé que rien n'étonne vraiment. « Il s'est présenté avec un autre jeune au périmètre de sécurité. » Jean-Alexandre Touré, c'est son nom, est le chauffeur qui a conduit Kader à la mort.

Jean-Alexandre Touré semble du genre cool. Je ne dis pas qu'au fond de lui il n'est pas chamboulé, car il était quand même assis à ses côtés quand la première balle perçait le crâne de Kader. Et pourtant, même s'il aurait pu s'en prendre une – ce qui n'est pas passé loin –, même s'il aurait pu être lui aussi une cible, sa petite arrogance de gosse de cité habitué aux contrôles policiers cinq fois par jour et sa mauvaise volonté collante saoulent le flic, agacé de perdre son temps avec un petit merdeux. Il en a eu des discussions à propos des calibres, des meurtres, des règlements de comptes, mais Jean-Alexandre n'a sans doute jamais vu de flingage d'aussi près. Alors il en prend consciencieusement soin de sa grande aventure et la fait durer pour avoir des trucs à raconter, plus tard, dans les discussions dont il sera l'un des héros.

D'un coup de menton, le flic interroge celui qui l'accompagne : « Et toi, t'es qui ? » C'est Redouane, qui laisse Jean-Alexandre répondre. « C'est un pote à Kader, je l'ai appelé après les coups de feu. » Un seul qui parle, c'est la règle. Pour ne pas s'embrouiller dans les explications. D'autorité, Jean-Alexandre s'approprie ce rôle. Les flics connaissent bien ce petit jeu et n'ont pas de temps à perdre avec ça. Donc, Jean-Alexandre raconte. Il dit avoir vu un type cagoulé tirer sur son pote Kader, avant de remonter dans une BMW repartie à fond. Et une fois le tueur disparu dans la BM, Jean-Alexandre n'est pas revenu en arrière voir s'il pouvait aider son pote, les six détonations entendues ne laissant aucun espoir. Il n'a pas non plus appelé la police. Personne ne l'aurait fait, car prévenir les flics, c'est être une balance. « La pire des races ». Jean-Alexandre, lui, s'est barré pour se planquer dans la première cité venue, là où il se sentait à l'abri, puis a prévenu des amis, Redouane, Hamed, Alex et son frère Jean. Tous ont rappliqué un à un. Pourquoi ? Pour rien. Pour participer à l'histoire. Pour en être. Pour réaliser à quel point leur petit jeu peut mal finir. Aussi pour commencer un deuil, pour pleurer un ami, du moins un type que l'on connaît depuis longtemps.

Kader est mort. Lui qui foutait le bordel partout où il allait, le petit teigneux du Vieux-Moulin, n'imposera plus ses colères à personne. Maintenant que sa cervelle se répand sur le trottoir du Campanile, son public d'émotion se rassemble entre peine et curiosité. Des raisons de le flinguer, quelques-uns en avaient. Son caractère impulsif, cette hargne qu'il mettait dans tout désaccord et ces bagarres subites au moindre début de contrariété. Il en a fracassé plus d'un, à la seule force de sa rancœur de n'être pas né dans une famille bien équipée, avec des noms ronflants autour de lui et des tontons calibrés maîtres du quartier. On va au fond des choses quand on se bagarre, on se jauge, on teste si l'on est bien un homme. Lui, le respect, il allait le chercher avec les poings. On le lui a retiré avec des balles.

La scène de crime est tranquille. On arrive de-ci de-là, en s'agglutinant derrière les rubalises rouge et blanc sans chercher à empêcher le travail de la police. Les flics savent bien ce qui se joue après un tel homicide. Les petites tromperies des uns mises en scène pour déjouer les roublardises des autres. C'est assez fin. Quand un mec comme Kader est au tapis, la nouvelle se répand immédiatement. C'est même un réflexe vital pour beaucoup. Dès qu'il s'agit d'un règlement de comptes, on retrouve toujours dans les spectateurs de la scène de crime des représentants du tueur et des représentants du tué. La trahison étant la première règle du petit monde des stupéfiants, personne ne sait qui est qui. Tout le monde se soupçonne, soit pour préparer une vengeance, soit pour anticiper la riposte. Une absence pouvant être vue comme un aveu de culpabilité, on n'hésite pas à réveiller du monde au cœur de la nuit, et, même plein de joints ou de picole, chacun fera l'effort de venir se montrer. La chose se complique quand les tueurs eux-mêmes, ceux du clan des exécutants ou commanditaires, s'agglutinent autour du périmètre de sécurité, parfois pour signer le crime, souvent pour brouiller la situation, toujours pour voir qui est là et repérer ceux dont il faudra désormais se méfier.

Après tout ça, le meurtre va être conté par le menu. Au pied de chaque barre d'immeuble, dans chaque épicerie de nuit, dans tous les bars ou kebabs du quartier, dans les cours des collèges environnants, dans les CFA, les écoles d'apprentissage, autour des terrains de ballon le dimanche, devant les salles de prière, au cœur même des mosquées, des centres sociaux, des centres commerciaux, dans les cours de promenade des prisons de la région, entre les murs des cellules, dans tout ce qui fait le monde de ces petits ou gros voyous, chaque détail connu sera diffusé. L'avant, l'après, distillés avec une ferveur presque religieuse, un plaisir du récit, une orgie d'informations. Certains feront le tri là-dedans, avec pour but principal de sauver leur peau ou de trouer celle de l'autre. Rien n'effraie plus les dealers que le désordre, eux qui n'aspirent qu'à l'ordre, le leur, bien sûr. Mais comme le clan d'en face fonctionne de la même façon, il faut semer le plus de trouble possible. Rapidement le chaos s'impose et chacun s'y débat désespérément, comme dans ces combats de chiens où le perdant est tué et le gagnant meurt de ses blessures.

Un homme est arrivé sur place juste avant moi. Il regarde au-delà, loin, très loin. Il n'a pas une larme, Nadir. Elles doivent couler à l'intérieur de lui, à en crever noyé par la peine. Nadir, le père de Kader, serre plus les dents que ces putains de pitbulls avant d'être jetés dans le combat.

Le procureur de la République est là aussi. Jacques Dallest, un grand type qui en a vu d'autres, mais prend un cliché à chaque fois pour documenter cette criminalité. Il est rejoint par le directeur de la police judiciaire de Marseille, Christian Lothion, qui sera nommé quelques mois plus tard directeur central de la police judiciaire. Les journalistes commencent à arriver, alertés par les pompiers, dans l'ordre de l'intérêt que ces derniers ont à valoriser leur activité dans les médias. C'est tout un petit business, un homicide.

Quelques jours plus tard, à l'hôtel central de police de Marseille, un enquêteur me montrera les images des caméras de surveillance du Campanile. Dessus, on verra le tueur, cagoulé, non identifiable. Il y a dans ces images moches de vidéosurveillance un supplément de réalisme qui fait bien comprendre que ce qui se passe là n'est pas du cinéma. À 1 h 02, la Seat Leon, conduite par Jean-Alexandre Touré, s'arrête devant la grille du Campanile. Le procès-verbal policier fait écho aux images : « Les occupants du véhicule semblaient chercher quelque chose à l'intérieur du véhicule, puis Jean Touré* sortait de la voiture à 1 heure 5 minutes et 59 secondes et se dirigeait vers la sonnette située au niveau du portail. À 1 heure 6 minutes et 21 secondes, en arrière-plan, un véhicule de type BMW de couleur gris clair passait à toute vitesse en remontant l'avenue Saint-Antoine en direction d'Aix-en-Provence. À 1 heure 6 minutes et 33 secondes, Jean Touré s'asseyait de nouveau dans le véhicule, alors que la barrière commençait à s'ouvrir tandis que quatre secondes plus tard surgissait un individu derrière le véhicule provenant de la droite du champ de la caméra, cagoulé et porteur d'un pistolet automatique. Il se postait au niveau de la vitre passager et faisait feu, à six reprises en sept secondes, sur Abdelkader Berrouag, qui essayait de se blottir en contrebas du siège passager pour se protéger. Dans l'intervalle Jean Touré prenait la fuite en remontant l'avenue Saint-Antoine, tandis que quelques instants après, Sarah Item trouvait refuge dans l'hôtel. L'assassin prenait la fuite à 1 heure 6 minutes et 47 secondes, tandis qu'un véhicule pouvant correspondre à la

* En fait Jean-Alexandre.

BMW précédemment observée redescendait l'avenue Saint-Antoine à toute allure à 1 heure 7 minutes et 31 secondes. »

En voilà une vidéo qui ferait un carton sur Facebook. Avec le cul, la violence, c'est le passe-temps préféré des gamins désœuvrés. La violence, ça les excite, ces abrutis qui se filment à se taper sur la gueule ou à humilier l'autre, ça les fait bien rire. Une petite dose de plaisir en plus quand une vidéosurveillance montre un arrachage de sac devant une banque ou une agression en groupe dans un bus. Il vaut mieux s'accoutumer à la violence dans laquelle on vit quotidiennement.

La BMW a été retrouvée brûlée peu après le crime, vers 2 heures du matin, sur la commune de Châteauneuf-les-Martigues, à moins de vingt minutes par autoroute, dans un lieu isolé où d'autres carcasses noirâtres se transforment en rouille. Les bandits ont leurs petites habitudes. Comme cette manie de carboniser les voitures, par mimétisme souvent, tant le travail est parfois bâclé, donnant un véhicule à moitié cramé. Il ne faut pas être économe en essence. Il y en a même qui aspergent la bagnole de gasoil. Or, ça ne brûle pas, le gasoil. Le genre de bourde propagée de discussion en discussion qui vous fout la honte pour longtemps et vous habille d'un T-shirt de la marque Tocard. Là, le travail a été relativement bien fait, pas d'ADN, mais une plaque d'immatriculation toujours visible. Peut mieux faire. Personne n'a encore égalé Berrahma.

La police ne s'ennuie pas à Marseille. À la justice d'essayer de suivre le rythme. Peu après l'assassinat de Kader, Jacques Dallest rappelle qu'environ 400 affaires touchant à la criminalité organisée sont instruites au tribunal de Marseille. Plus 200 dossiers financiers, dont une trentaine pour le seul pôle de Santé publique. Tous crimes confondus, 1 500 dossiers à l'instruction répartis entre vingt juges d'instruction. Il faut encore leur ajouter les enquêtes préliminaires sous l'autorité du parquet. Alors, il est sûr que sans preuves de police scientifique ni aveux circonstanciés, la résolution du meurtre d'un merdeux du calibre de Kader n'est pas la priorité. Et ça, son père l'a parfaitement compris.

Il va commencer par questionner Sarah. Depuis bien longtemps, il l'a dans le nez la jolie Sarah, cette fille qui a fait tourner la tête de son fiston avec ses jeans moulants. Pimpante, fringuée comme une chanteuse de R&B et maquillée comme si c'était tous les jours mariage. Une fille dont il connaît le passé judiciaire plutôt chargé pour une gamine à peine plus âgée que son fils. Sa spécialité : les vols de cartes bancaires. Elle est interdite de séjour dans les Alpes du Sud où elle a sévi plus « jeune », ce qui lui a déjà valu une petite villégiature à la « montagne », comme disent certains détenus des Baumettes où l'air est un peu moins pur.

Kader, les Baumettes, il venait justement d'en sortir, le 12 juin, un peu plus d'un mois avant ce soir funeste. Alors bien sûr, les amis, les « proches » comme le dit sobrement la justice, expliquent qu'on ne lui connaissait aucune inimitié justifiant qu'on attente à sa vie, que lui-même n'avait montré aucune inquiétude particulière depuis sa sortie de prison. Ils ne vont tout de même pas balancer des noms, sinon les prochaines balles seront pour eux. Ils sont bien gentils les préfets à exiger que les gens parlent, mais l'omerta protège quand même mieux que la police. Tout au plus lâchet-on ce que la police sait déjà ou saura inévitablement. Par exemple, Jean-Alexandre a raconté comment il l'avait croisé, par hasard vers midi ce jour fatal, dans l'alimentation de la cité des Micocouliers où Kader s'enfilait un Mirinda orange et des Mars. Ils s'y croisaient tous les jours, Kader allant y prendre sa dose de sucre, et Jean-Alexandre, sa dose de racontars.

C'est donc à lui que Kader a pensé pour qu'il l'emmène avec Sarah au Campanile. Sarah avait l'air si chaude pour qu'ils passent la nuit ensemble. Un autre jeune du quartier, Bogdan Muresan, a été chargé de réserver la chambre. C'est une habitude, presque un réflexe, dans les cités, de faire exécuter les choses par les autres, pour toujours brouiller les pistes. Une sorte de paranoïa qui rend important, avec cette sensation d'être toujours pisté et le plaisir de prendre des précautions, sauf la plus élémentaire, celle de se cacher. Kader faisait semblant de faire attention pour susciter l'admiration. Ce soir-là, Kader avait une voiture avec chauffeur, une jolie poulette bien chaude à l'arrière, donc, il fallait que ça se sache. Parce que depuis sa sortie de prison, Kader était en train de devenir quelqu'un dans le quartier. Il pensait courir vers le succès, il a juste bifurqué vers sa mort.

Une Picasso se gare. Une femme en surgit, parlant à haute voix comme pour s'adresser à des protecteurs : « Qu'est-ce qu'il a eu comme accident ? Pourquoi ils l'emportent pas à l'hôpital ? » Elle répète ses phrases, mais sa voix s'éteint progressivement. Elle traverse le cordon de police, insaisissable comme un flot de larmes, et fonce vers le cadavre, hurlant en elle-même « Mais emmenez-le à l'hôpital ! », alors que sur son passage, les enquêteurs ne perçoivent qu'un souffle comme un vent triste. Nadir bloque ce souffle : « T'approche pas ! Il a reçu des balles. T'approche pas ! » Et pour la première fois de sa vie, comme elle me le confiera plus tard, elle ne l'écoute pas, le bouscule d'une force inédite pour plonger vers l'évidence. « Il est pas mort ! » hurle-t-elle en silence. Mais si, Kader est mort. Elle le comprendrait si sa main parvenait à toucher son visage froid. Ses doigts y sont presque, mais on la tire par l'autre bras ; Nadir, un pompier et un flic aussi, je crois. Elle porte une très jolie robe, la mère de Kader, une robe de fête, désormais tachée d'herbe, de terre et du sang de son fils.

IV

Caïd jetable

Il me faut comprendre, maintenant, à quoi ressemblait la vie de Kader pour en arriver là. Je rencontre ses proches, croise ses ennemis, écoute ses profs, j'espionne ses faux amis. Je m'entretiens beaucoup avec sa mère, je me soucie de ses frères, de ses sœurs. Je cours là où il a couru. Je roule là où il a roulé. Je bois les merdes qu'il s'envoyait à tout instant. Je vais même jusqu'à fumer son shit infâme. Au bout du compte, je constate qu'il avait, tout simplement, la vie tordue du type lambda tombé du mauvais côté. Kader n'avait pas d'espoir en grand-chose surtout pas en son avenir, et plutôt que d'attendre sa chance, lui qui n'était pas vraiment un feignant, il a choisi de prendre sa vie en main. En main noire.

Sans chemin tracé devant lui, il a dû ouvrir la piste, mais sans stratégie arrêtée, tout à l'impulsion. Tout salaire mérite travail et, mine de rien, Kader n'a pas chômé. Quand il avait 13 ans, comme la plupart des minots, il se voyait autre chose que voyou… footballeur, chanteur plein d'oseille, lui qui avait grandi sans… À l'époque du collège, un été, il a fait un « remplacement ». Pendant que quelques gamins s'en vont en vacances avec les centres sociaux, les dealers de quartier en recrutent d'autres, de petits ambitieux qui n'ont pas la chance de partir et veulent jouer aux grands. Kader a donc fait le guetteur aux Micocouliers, à crier « Arha ! » de sa voix fluette dès que les condés, venaient tournicoter au quartier.

Avec ce blé à claquer dans des fringues et des litres de Coca à la vanille, les premiers joints bien nocifs, de la mauvaise herbe premier prix, Kader s'est découvert un avenir, un avenir à deux jours, un pour faire un peu plus de fric, l'autre pour le dépenser, et tant pis pour les flics, ça faisait partie du jeu. À sa rentrée en cinquième, pour ce qui était du crime, Kader n'était plus puceau. Il a voulu recommencer, vite. Mais la place aux Micocouliers avait été reprise par les titulaires, revenus tout bronzés d'un centre équestre des Hautes-Alpes, des types plus vieux, plus expérimentés et encore moins capables de supporter l'école. Lui, son père le jetait au collège, tous les jours, à coups de pied au cul. C'est donc parti de là. « Il a commencé un petit vol de voiture au collège Massenet. Il avait 14 ans », raconte Souad, sa mère, en dédramatisant. « À plusieurs, ils avaient pris une voiture dans le collège, un avait essayé de s'arranger à l'amiable avec le propriétaire pour pas aller jusqu'en justice, mais la police l'avait attrapé, et ça a fini au tribunal. De là, il a enchaîné ses petits vols, ses petits délits. » Ses premières hormones, elles, réclament l'indépendance.

Alors il veut une moto, il prend la moto. Il veut descendre en ville, il pique une voiture. Il veut draguer un peu, il vole un sac à main et s'en va faire le joli cœur. Il veut aller jouer au foot avec quatre autres copains, mais ils sont en retard, alors ils s'entassent dans une voiture volée et, hilares, saluent les radars qui les flashent comme des stars du show-business.

La fumette, des mètres et des mètres de joints aspirés chaque semaine, cinquante kilomètres de joints par an – j'ai fait le calcul. La fumette a façonné le cerveau de ce gamin déjà influençable. On le voyait grand autour de lui, côté voyous, ça lui plaisait bien. Une rêverie enfumée dans son indépendance illusoire. Certains vivent leur délinquance non pas comme une puissance, mais comme une consolation. Pour Kader, c'était une revanche.

La misère de son enfance ne le dérangeait pas trop tant qu'il ignorait qu'autre chose existait. Toujours collé à son père, il était le premier fils de Nadir, immigré clandestin. Deux ans après sa naissance, Nadir obtenait ses papiers et fêtait ça à la mairie, avec un témoin, comme pour un mariage, un accident ou un crime. Il vivait depuis dix ans en France, mais la délivrance du document valait bien une grande fête. Au Vieux-Moulin, on vint même du bled, d'Algérie, pour fêter ça.

Kader voulait être quelqu'un. Il aimait son père, mais ne voulait pas lui ressembler… pas un « clando » ! Alors il en imitait d'autres, allant jusqu'à se décolorer les cheveux pour faire plus français. « Il avait fait le blond, se souvient sa mère, il s'était cramé les cheveux, puis il s'était attrapé des asticots, des poux. Son père lui a tout rasé. » La photo toute cornée la fait encore rire. Kader montait des motos toute la journée et conduisait sans permis. Quand il se plantait avec le scooter acheté pour ses 18 ans, il revenait en sang et inventait une agression. Pas crédible, il prenait une rouste de plus mais sans verser une larme, comme à chaque fois. Dans cette famille, on s'aimait à la dure, peu de concessions et beaucoup d'amour-propre. Un combat d'amour.

Ensuite, ça n'est pas l'amour qui s'use, c'est la force que l'on met pour le protéger cet amour, comme un moteur en surchauffe. Nadir protégeait tout le monde de toutes ses forces, enfants, femme, amis, famille, à s'en user l'espoir jusqu'à la tristesse de ne pouvoir tout maîtriser dans ce monde finalement plus hostile que dans son village d'origine de Souk Ahras. On ne peut pas dire que le père de Kader était absent, on ne peut pas non plus invoquer un manque d'amour, ni l'implication parentale. Cela ne l'a pas empêché de partir à la rencontre de trois balles dans la tête. Un glissement progressif que son père a vu arriver de loin, comme un camion pleins phares, sans pouvoir l'arrêter.

Et puis comme pour tous les habitants de ces quartiers depuis des années, elle s'est immiscée là petit à petit au fil des ans, d'abord avec l'arrivée des centres commerciaux et des crédits à la consommation qui se tapissent dedans, et en même temps à la télé entre deux dessins animés ou juste avant la météo, puis sur les panneaux géants le long des quatre-voies du quartier, jusqu'aux pieds d'un voisin fanfaron, ou sur les épaules d'un « fils de » fier de lui, et dans les grosses cylindrées ronflantes devant le collège, partout, elle était là, comme une plante invasive courant sur leur misère en friche. Elle était là, la tentation. Longtemps, Kader a rêvé, par compensation. Puis il a décidé de prendre, par vengeance.

Mais qu'aurait pu faire Nadir pour retenir son fils ? Kader n'était pas riche, il était pire, il rêvait de le devenir. Les motos ! Ces belles bécanes qui te font te sentir invincible même si ce n'est qu'un fragment illusoire de vie, il les regardait gamin avec son père, contemplant les types qui les exhibent au quartier en y engouffrant le peu qu'ils possèdent juste pour s'acheter la respectabilité du voisinage. Pour Nadir, on n'existe que par ce que l'on fait. On n'achète pas, on donne. Il pouvait être dur, son père, très dur, comme les paysans des montagnes de Souk Ahras où sa jeunesse s'était jouée sur les cendres de la bataille des Frontières. Mais il pouvait être juste aussi, généreux même. Il aurait voulu imposer aux autres, non sa moto, mais sa respectabilité, comme si la possession n'avait de sens que dans le don. Certains le disaient flambeur alors qu'en fait il se montrait bienveillant.

Aux pieds, Kader ne voulait que des TN blanches, des baskets de marque bien chères qui, dans les cités, vous donnent une existence sociale. Souad y laissait la prime de rentrée scolaire, dans l'espoir qu'il ne deale pas pour se les procurer. S'il les salissait en cabrant son scooter, il n'en voulait plus. Un peu de fric dans les poches et il devenait arrogant comme un timide qui se serait soigné. Enfin, sauf devant son père. Mais Souad ne maîtrisait plus rien, surtout pas ses colères, lorsqu'il retournait toute la maison en hurlant pour une chaussette égarée, lorsqu'il l'insultait pour qu'elle se casse et le laisse cabrer tranquille avec une nouvelle moto. Et puis Kader se battait, souvent, tout le temps, pour tout, pour rien. Avec Atti et Attala qui tenaient le réseau des Micocouliers pour le leur rafler. Avec trois frères d'à côté qui lui ont volé son shit, celui qu'il vendait tout seul. Avec des gitans du haut du Vieux-Moulin pour une histoire de cul avec l'une de leurs filles. Avec pour armes ses poings, ses pieds, ses couilles et parfois un couteau ou cette matraque ronde et lourde de bois clouté rapportée d'Espagne par l'un de ses oncles. Les flics commençaient à bien connaître ce garçon qui les narguait dès que possible et ils connaissaient aussi son père, le type qui ne souriait jamais et s'efforçait de remettre son fils sur le droit chemin. Nadir combattait les erreurs de Kader, mais n'y mettait rien à la place. Alors les conneries revenaient. Et le père envoyait le fils en Algérie, en faisant rédiger par sa femme, Souad, assistée d'une amie éducatrice, une demande de dérogation de scolarisation adressée au principal du collège Massenet.

Monsieur,
Au regard des nombreuses difficultés rencontrées avec mon fils Berrouag Abdelkader scolarisé dans votre établissement en 4ᵉE, je vous demande de bien vouloir procéder à la déscolarisation temporaire de ce dernier à compter d'aujourd'hui.
En effet, afin d'éviter une escalade dans les bêtises et méfaits commis par mon enfant il est, aujourd'hui, nécessaire de l'envoyer auprès de la famille en Algérie et ce, pour plusieurs mois.
Je vous tiendrai au courant de son évolution et procéderai, comme évoqué ce jour, à une éventuelle réinscription au mois de décembre.
Certain de l'attention que vous porterez à ma requête, je vous prie d'agréer, Monsieur le Principal, l'expression de mes sentiments les meilleurs.

L'enfermement pour Kader, la libération pour le principal qui accepta aussitôt.

Souk Ahras, c'était le bled de Nadir en Algérie, près de la frontière tunisienne. C'est là qu'il a grandi dans des baraquements sordides, parmi les moudjahidin de l'Armée de libération nationale, l'ALN, active dans cette ville terreuse, pendant la guerre d'Algérie. Là se déroulèrent les batailles des Frontières. Avec pour seul héritage une misère aride, brûlée par le soleil, et la faim qui s'imposa comme l'unique raison, impérieuse, de départ. Quoi d'autre que la faim peut pousser les gens à se déraciner ainsi, à devenir des immigrés, des étrangers partout où ils posent le pied ? Il faut un ventre sacrément vide pour s'imposer un tel sacrifice, une frustration perpétuelle. Alors Nadir voulait une autre vie pour son premier fils, qu'il n'a jamais lâché.

Son quartier d'accueil, le Vieux-Moulin, construit à la va-vite en 1954, fut l'une de ces cités dont l'urgence était proportionnelle au mépris que portaient les autorités à ses occupants. Tout en haut, les gitans, et en bas, le reste, dans l'ordre d'arrivée : Italiens, Espagnols, Arméniens et Maghrébins. Ceux qui trouvaient ailleurs partaient rapidos, les autres s'enracinaient là comme des herbes folles. Peu de temps avant la mort de son fils, Nadir voulait que la famille déménage. Un pressentiment ? « Ici, tu pars en couille », avertissait-il sèchement. Or, Kader ne partait pas en couille, il suivait juste la seule trajectoire libre ! De rage, de dépit, Nadir avait matérialisé son souhait en arrachant l'intégralité du papier peint laissant apparaître le grain brut et gris de vieux parpaings. Le père appliquait à son appartement ce que les autorités appliquaient à la cité. Quand ce sera bien dégradé, on va bien finir par agir ! Mais non. Il aura fallu la mort de Kader pour que ses parents s'en aillent. Et juste après a débuté la réhabilitation du Vieux-Moulin, mollement, par le haut. La sœur de Souad a repris leur appartement, en bas, toujours aussi moche. Elle y dort jusqu'à 16 heures et y cuve son malheur, ses médicaments et ses bières. Fumer, boire, dormir, elle n'existe pas vraiment. On ne la voit jamais.

Pendant l'adolescence de Kader, la cité du Vieux-Moulin s'est dégradée tranquillement dans la zone urbaine sensible (ZUS) de Saint-Barthélemy, Le Canet, Delorme Paternelle, des quartiers du 14e arrondissement de Marseille. Une ZUS, comptant plus de 40 000 habitants parmi les plus nécessiteux de la ville, répartis dans les cités, mais pas seulement. Il subsiste des noyaux villageois anciens qui abritent souvent les habitants des immigrations précédentes, ces Espagnols, Arméniens, Italiens et premiers Maghrébins qui ont eu un travail et n'ont jamais bénéficié de soixante-dix ans de clientélisme, quand un élu trouve à une famille, à un clan, des logements dans des quartiers plus flatteurs en échange des voix de tous à chaque élection. Ceux-là nourrissent un sentiment de frustration et de peur du déclassement qui justifie un racisme tout marseillais. Non pas un racisme de race, mais un racisme de classe. Les derniers arrivés ne pouvant s'installer que dans les endroits les plus pourris, la xénophobie englobe rapidement l'origine ethnique et la position sociale : à genoux en ce qui concerne la famille de Souad, Nadir et Kader.

Mais on trouve aussi dans ces mêmes quartiers ces résidences nouvelles qui poussent sur chaque parcelle herbeuse livrée au mistral et jaunie par le soleil. Hauts murs et vidéosurveillance entourent désormais ceux qui n'ont pas eu les moyens d'acheter ailleurs et, même bien à l'abri, doivent continuer de côtoyer les pauvres.

On ne sait trop comment Kader a fait une mauvaise rencontre. Un type nommé Nabti, père de famille et repris de justice mais toujours dans le business. Il a poussé l'adolescent dégourdi, ambitieux et malléable à faire des conneries pour son compte. Des cambriolages d'abord, puis des braquages. Quand on veut savoir ce qu'un gamin a dans le pantalon, on l'envoie au feu, comme ils disent. Le gamin passe la cagoule et se met à braquer aux enchères pour ainsi dire, à qui mieux mieux.

Certains braqueurs de métier m'ont raconté cette sensation de griserie, même de vive volupté qui les saisit au moment d'enfiler leur cagoule. L'adrénaline à laquelle beaucoup ajoutaient, dans les années 2006-2007, de la cocaïne et des amphétamines sans aucune mesure ni aucun discernement. L'un d'eux m'expliquait : « Les armes, la flambe, la vie à la *Scarface*, avec une seule philosophie : on nique tout, on s'en fout de tout. » Kader glissait vers ça.

En 2006 à la mort de Farid Berrahma, beaucoup de caïds des cités ont pris leur autonomie et autant de jeunes ambitieux se sont agités pour être remarqués par ceux-là. Les braquages ont alors explosé à Marseille. Tandis qu'en 2007, Villiers-le-Bel puis tout le Val-d'Oise se révoltaient par l'émeute, Marseille le faisait par le braquage. Un esprit plus pragmatique mais des causes identiques. Celles-là mêmes qui poussent certains vers les salafistes radicaux. Une dérive rarement opérée à Marseille où la culture du crime empêche celle du jihad. Un choix de carrière. Ces nombreux braquages n'étaient donc que des épreuves du feu pour les candidats criminels ravis de brandir le journal local qui allait, dès le lendemain, enrichir leurs *curriculum vitae* en contant leurs exploits. « Ce vol à main armée, c'est moi ! » Moi-même, en dix ans de faits divers marseillais, j'en ai écrit tant de ces CV…

Je ne sais pas si Kader a bénéficié de mes services, mais il a fait suffisamment de choses pour faire de la prison avec la régularité de ceux qui en font un choix de vie. Il dormait chez ses parents, au Vieux-Moulin, parfois en short et en baskets pour se carapater si la police se pointait au petit matin. Une fois, il s'est fait prendre tandis que son meilleur ami Mohammed échappait aux flics. Quelques semaines plus tard, au parloir, sa mère lui apprenait que Mohammed venait de se tuer à moto, tout seul. Les motos tuent bien plus que les kalachnikovs dans les quartiers nord de Marseille. En prison, Kader s'organisait, divisait son quotidien en tâches répétitives, apprenait la patience et rencontrait de futurs employeurs ou associés.

Déjà en 2001, il n'a pas 14 ans, il raconte ses journées dans une lettre que sa mère sait écrite par un autre que lui, un codétenu épargné par l'illettrisme quasi total dont souffrait Kader qui, même présent à l'école, ne suivait pas ses apprentissages.

Papa et Maman. Je vous écrit cette lettre pour vous dire que j'ai reçu votre mandat de 400 F. Je vous remercie beaucoup, j'ai pu acheter des gâteaux, la plaque choffente, je vais pouvoir bien manger. Ne vous faite pas de soucis, j'ai le moral a fond ! Je pense a vous tout les jours, vous étaient gravé dans ma tête, vous avez résond sa que vous mavé dit, en prison tu trouve que ton père et ta mère. J'ai parler avec Ammar il vous passe le bonjour. Je ne m'ennuye pas, je joue au ballon avec Nordisse Schurfi des tilleule le neuveux des gémaux et en plus c'est un bon amis à Kamel. Embrasse fort

Sami, Zorra, Celia et n'oublie pas Farouk. Dit a Kamel qui se casse pas la tête pour moi. Ne m'envoyé pas trop de mandat comme ça je vais gouter la mysère et sa me servira de leçon, parcontre viens me voir au parloir mais n'ammène pas Sami je veux pas qui me voit dans ces conditions la dit lui que je suis partis en Vacances, fait de gros bisous a Mémé passe le bonjour a Sonia et Said et n'oublier pas manies et Vanessa. Donne leurs mon adresse dit leurs qu'il m'écrive, car lire me feras passer le temps.
Vous faite pas du soucis, car maintenant on ne peux plus retourner en arrière. Je vous jure mais je c'est pas si vous aller me croire car j'ai trop mentis de pluis que je suis rentrer en Prison, j'ai pas fumé une cigarette pour tant j'en avez l'occasions. Je fait 50 pompes le matin par séries de 10 et 50 le soir avent de dormir, je joue au ballon et je vait à la musculation. Si vous plait maman et papa donner l'adresse a mes copains et dit leurs de m'écrire. Je vais vous laissez et je vais faire ma siestte.
Gros bisous papa et maman, je pence à vous tous les jours ! je vient de recevoir votre deuxième mandat, merci papa et maman.

L'année suivante, Kader était intégré à une classe du lycée professionnel privé de la Cabucelle. Mme Guillaume, de l'équipe pédagogique, y allait aussi de son courrier aux parents, lu à haute voix par Souad pour son mari ne sachant pas déchiffrer le français.

Kader rencontre de très sérieuses difficultés scolaires, et son niveau est faible, équivalent à un niveau de classes primaires.
Il a fréquenté le Lycée assez régulièrement, grâce au suivi au plus près effectué par son père.
Néanmoins, une fois au Lycée, il s'absentait constamment des cours, n'étant pas du tout en mesure de se poser en classe, d'écouter et de produire le moindre travail demandé.
Son attitude est restée correcte durant plusieurs semaines avec les enseignants, mais son instabilité majeure, son incapacité à suivre la moindre consigne élémentaire, rendent difficile une scolarité « normale ».
Son comportement dénote un malaise profond, un besoin quasi frénétique de consommation à tout instant de la journée (cigarettes, boissons, cafés, viennoiseries, pizzas…) et un mal-être à la frustration quand cela lui est refusé.
Kader s'est aussi trouvé mêlé à des incidents survenus au Lycée tels que des jets de projectiles lourds et dangereux. En dernier lieu, lors d'échanges qui n'évoluaient pas à son avantage, il a brisé violemment une vitre de salle d'atelier.
Compte tenu de tous ces éléments nous pensons qu'un jeune comme Kader n'est pas à sa place dans une structure scolaire traditionnelle et que ses difficultés d'ordre psychologique appelleraient une réelle prise en charge.
Cet élève ne pourra être repris au sein de notre Établissement.

Dans la foulée, le gamin était placé par un juge en protection judiciaire de la jeunesse (PJJ), aux Chutes-

Lavie dans le 4e arrondissement, où son éducateur, M. Boquillon, parvenait tant bien que mal à contenir un « garçon attachant ». Puis, placé dans un centre éducatif fermé de Forcalquier dans les Alpes, Kader s'enfuyait au hasard vers Paris où il était repris.

Le reste du temps, Kader traînait au quartier, vendait son shit et rêvait d'étendre son trafic à la cité d'à côté, celle des Micocouliers, où il avait été main noire. Une vie compliquée faite d'embrouilles quotidiennes pour se trouver un sens, celui du courant dans ce torrent d'emmerdements avec ses périls.

Quand il revenait chez lui encore vivant, avec au compteur du jour une bagarre, une cavale les « schmits » au cul et des palabres débiles avec ses potes, il fallait encore encaisser la trouille de devoir rendre des comptes à son père. Lui dire quoi ? Inventer quel bobard ? Nier quoi ? Alors, il prenait l'attaque comme meilleure défense. La colère, le mépris, autant de choses qui corsaient les relations avec Nadir. Un affrontement permanent. Et Kader, une fois de plus, était expédié au bled en pénitence. « Là-bas, personne ne dit rien quand on cogne », résume Souad sans cautionner ni contester. Sur une photo jaunie, on le voit plié comme un marathonien involontaire sur la piste d'un stade vétuste d'Algérie. Son père le faisait courir jusqu'à ce qu'il tombe d'épuisement. Quatre heures de pénitence. Autant de temps pour se gonfler de haine à chaque tour, pour s'entourer d'une cuirasse de violence qui n'est en fait qu'une pitoyable croûte. Désormais, la honte, l'échec serait de sombrer dans la tendresse. Le voilà définitivement imperméable aux larmes. Mais pas aux rires.

Tous le disent, Kader, doté d'un véritable charisme, adorait chambrer son entourage. « C'était devenu un diable, reconnaît sa mère, et malgré qu'il était mariolle, Kader, il était attachant, tout le monde il était obligé de s'attacher à lui, de parler, de rigoler avec lui. Que y s'amusait, que y s'amusait. » Il jouait au con aussi. En 2007, Kader est interpellé à Dignes, dans les Alpes-de-Haute-Provence, avec deux kilos de shit dans la voiture de Nabti, son mentor. Seul à plonger en prison, il y fait de nouvelles rencontres et en ressort en caïd. On le voit alors déambuler dans le quartier, comme s'il savait où il allait, il fait semblant de filer à gauche puis il bifurque à droite. Un leurre, en fait. Quand on est un dealer sous fumette, on met toute sa paranoïa au service du quotidien, tout accablé de ces milliers d'yeux dont on est sûr et certain d'être l'unique visée.

Par dizaines, ils tournent ainsi en rond d'une cité à l'autre pour s'inventer une vie. Ceux qui parviennent à gagner un peu de fric en peu de temps (mais pour une courte période de leur vie) vont le flamber durant le week-end dans les bordels de la frontière espagnole. Le reste du temps, on les voit cabrer sur leurs bécanes sans casques, comme on exhibe une érection sans capote au seuil d'une backroom. Ils pataugent dans une virilité stérile.

Là aussi, Marseille présente un profil spécifique, tout méditerranéen. Charlie Tir, le manageur du rappeur marseillais Jul, m'avait fait la leçon peu avant son exécution à Paris, d'une balle dans la poitrine. « Dans la région parisienne, le chef, c'est le plus costaud, le plus violent. » En parlant, il remontait ses couilles d'une main ferme comme un footballeur à cran et crachait un mollard à en fissurer le bitume. « Alors qu'à Marseille, le chef, c'est celui qui a le baratin, l'emboucaneur, le tchatcheur. Dans le rap, c'est pareil ; eux, ils ont Booba, nous, on a Soprano. » Son oncle, à Charlie Tir, était plutôt un type intelligent. Saïd Tir, gros bandit de cité qui a été tué en 2011 juste avant de fêter ses 60 ans, un matin du printemps 2009, était venu voir discrètement le père de Kader pour l'avertir que celui-ci glissait sur une mauvaise pente et faisait le con en prison. Il allait même jusqu'à le mettre en garde contre son propre petit-fils, Farid, « capable de tuer n'importe qui pour de l'argent ».

Kader naviguait alors de prison en prison après avoir raté un casse à la voiture bélier dans la région de Saint-Étienne. Dans la prison de cette ville, La Talaudière, il cognait régulièrement au hasard pour être mis à l'isolement, au calme. Ensuite, il obtenait d'être placé à Lyon, dans la « marmite du diable », avant de rejoindre les Baumettes où il retrouvait à la fois ses amis, ses ennemis et ceux qui sont les deux en même temps. Et ses parents aussi, soulagés de n'avoir plus à s'endetter pour venir le voir chaque semaine. En se prenant pour un requin, Kader s'est plongé parmi eux. Farid Tir le chaperonnait. Medhi Berrebouh, des Flamants, lui prêtait ses motos et lui filait une Rolex. Les frères Laribi de Bassens le prenaient comme associé. Comme ça, Kader se prenait pour le roi des Micocouliers. Des rapports de police lui prêtent le meurtre d'un certain Gomari. L'épreuve du sang pour jauger sa capacité à tuer.

Le propre d'un gangster est d'aller prendre le fric là où il se trouve. Et les plus téméraires n'hésitent pas à attaquer leurs congénères, sans forcément mesurer la puissance du boomerang. Deux méthodes : racketter un réseau de stupéfiants ou braquer ses porteurs d'argent liquide, de shit ou de cocaïne. « Demander l'enveloppe » ou « faire les sacs » dans le jargon des voyous.

Je n'ai jamais trop cherché à savoir qui fait quoi… et me demande si finalement, dans la pègre, on ne préfère pas la guerre au butin lui-même.

2016, Farid Tir est toujours en prison, dans la région parisienne. À l'abri en quelque sorte. On lui impute beaucoup de morts récents à celui-là. L'autre pote de Kader, Medhi Berrebouh, séjournait aussi en taule en 2014 pour avoir écrasé en 2009 avec un 4 × 4, en aller-retour, comme on repasse une chemise, un homme qui, selon lui, ne se comportait pas bien en boîte de nuit. Et lors d'une autorisation de sortie en avril 2014, il se faisait cribler de balles sur l'autoroute à l'entrée de Marseille. Mort d'un homme fort de la cité des Flamants, dont les frères, officiellement rangés, sont en fait en cavale à l'étranger. Les frères Laribi, eux, sont en prison. L'un, Mohamed, dit « Lamine », y a été éventré avec un morceau de verre, en 2014, une partie de ses entrailles sur le sol de la cour de promenade. On l'a sauvé. Tous ceux-là étaient prêts à tenter le diable. Ils sont allés le retrouver.

V

La rumeur

Le surlendemain de la mort de Kader, ses parents organisent un grand couscous à la maison. Pour les Arabes, tout événement, même un deuil, commence par un couscous. Très vite, la petite impasse, seule voie d'accès de la cité Saint-Joseph-Vieux-Moulin, se retrouve saturée comme une autoroute de vacances. Le premier bâtiment est le bon, entrées 11 et 12, deux étages d'une bâtisse grise de vieille tristesse, dont on a enlevé les portes le matin même pour les remplacer par des rideaux.

C'est là une belle volonté de la tradition que de faire se rencontrer mort et vivants pour que finalement tout le monde se souvienne du défunt. C'est important, la mémoire, ça soude comme une bataille.

Rentre qui veut montrer sa compassion, assouvir sa curiosité ou profiter de ces moments d'intense collectivité. Ici, le recueillement est bruyant : piaillement des unes à l'intérieur, palabres des autres dehors. « Dans la maison, il y a les femmes et les vipères, me glisse une assidue de la tradition, ça mange avec toi et ça t'arrache le morceau. »

La solidarité se nourrit d'une multitude d'intérêts personnels. Les gens sont contents d'être là, non qu'ils se réjouissent de la mort, mais ça leur donne le sentiment de participer au départ. Certains accompagnent. D'autres regardent partir. Le couscous pour Kader est immense. J'en verrai d'autres des recueillements de ce type, après des assassinats par balle. Il y a toujours une volontaire qui assure la logistique. Autour d'elle, on s'active : les cafés, les thés à la menthe, les pains arabes, les gâteaux, ne se préparent pas tout seuls. Et puis il y a toujours un verre qui se brise au sol, une assiette ou une tasse qui se renverse, un bébé dont il faut faire chauffer le biberon, toutes ces choses qui confirment qu'ici les gens sont vivants, même si c'est bien la mort qui les rassemble. Cinq cents personnes vont défiler en deux jours devant la photo de Kader entourée de bougies, alors que son corps n'a toujours pas été rendu par la police. Un vrai *lamento* ininterrompu. Une cacophonie de serrements de gorges. Le garçon sera ensuite inhumé en Algérie, « le jour de mon anniversaire », me glisse l'une de ses tantes.

Kader aurait pu être enterré en France, dans son pays, dans sa ville, mais son père n'en a même pas eu l'idée. Lui qui s'est débattu pour fuir la misère de sa jeunesse passée dans des baraquements sordides de Souk Ahras se doit de rendre chaque dépouille, chaque fragment de sa chair à sa terre natale. C'est le sang épais des Berbères des montagnes qui coulait dans les veines du père de Kader. Sa propre enfance est demeurée là, les pieds dans le sang et la poudre noire, sur cette terre algérienne épuisée par les batailles, la saleté, les tortures, les souffrances. Des proches, il en a déjà enterré tant, Nadir, dans ces sols arides, qu'il lui est désormais obligatoire de revenir y inhumer les siens. Comme si leur repos se devait d'être solidaire des fantômes des 3 200 soldats de l'Armée de libération nationale tués dans deux batailles dévastatrices survenues à cet endroit. Ces combattants passaient régulièrement la frontière pour s'approvisionner en armes et munitions dans un centre de commandement discrètement édifié à Souk Ahras.

Mais depuis la mort de son fils, Nadir n'a plus de repos. La tradition se retournait déjà contre lui. Le jour du couscous pour Kader, il est trimbalé d'une condoléance à une autre et se remplit de larmes et de haine à chaque fois qu'on l'étreint ou qu'on lui prend l'arrière de la tête entre deux mains larges et rageuses dans un sincère « ils vont payer, ces fils de putes ». Nadir doit en avoir mal à l'épaule de toutes ces tapes de soutien, les bras broyés par de nouvelles accolades. À mesure que l'on essaye de consoler quelqu'un, la lucidité et le jugement se délitent pour, finalement, gangrener l'esprit empli de puanteur.

Lors d'un couscous, trois cercles enserrent de leur mieux la famille éprouvée. Le premier est celui de la communauté, l'union du spirituel et du familial, du religieux et du clan, un cercle qui rassure voire transcende. Le second, celui de la solidarité, assure la logistique des cérémonies. Il est plus large, plus discret aussi. Dès 5 heures du matin, une personne encadre les autres en cuisine. On épluche, on égrène la semoule, on cuit, on étale, on nettoie. On téléphone pour prévenir tout le monde. On prépare les gamins, là, les frères et sœurs de Kader, pour qui la disparition, à ce moment-là, n'a pas grand sens. Tout au plus un changement de programme, comme à la télé. Vient ensuite le troisième cercle, celui de l'argent qui soulage les endeuillés des mesquineries matérielles, du besoin, quand on a déjà simplement celui de reprendre un peu d'air. Pour

Kader, deux jours et deux nuits à nourrir plus de cinq cents personnes… au seul prix de cette solidarité avec les pauvres sous de chacun et les bras des autres.

S'ajoute désormais un quatrième cercle formé des trafiquants qui viennent bousculer ces belles traditions. Ceux qui proposent du fric aux parents. Beaucoup de fric outrepassant la solidarité. Acceptation est approbation. Du silence et de cette violence. Il y a aussi ceux qui viennent simplement pour brouiller les pistes, en créer de foireuses et débusquer celles du camp adverse. De toute façon, Souad, la mère, n'est pas en état d'être approchée par qui que ce soit, même par une autre femme, qu'elle soit compagne, amie, sœur ou tante dépêchée par un dealer tenace.

Et puis ça palabre dans ces événements-là. Notamment les fumeurs de joints rassemblés près du rocher en surplomb de la maison de la famille Berrouag. Tous cherchent à comprendre les raisons du flingage de Kader. Chacun a sa petite idée : une vengeance, une embrouille en prison, une histoire de dette, une ambition à faucher net… Il doit y avoir un peu de tout ça.

Nadir écoute beaucoup, questionne un peu en n'accordant que peu de confiance à la plupart des bruits, jusqu'à ce que certains se fassent particulièrement insistants. Deux jours de deuil, de bavardages, de conversations étayées, au travers de plus de cinq cents personnes, dont beaucoup au cœur de l'action, ça finit par structurer des rumeurs. Nadir commence à se faire une idée claire à propos de l'assassinat de son fils. Il a soudain beaucoup de confidents, Nadir. Et Kader aussi, une fois mort, en a des gens qui l'aimaient. Tous ces amis, ça fait de formidables traîtres. Souad, comme mue par un pressentiment, préférerait que Nadir laisse tomber, que ça aille aux assises. « Mais des personnes essayent de lui mettre le cerveau à l'envers », soupire-t-elle.

« Nadir n'est plus Nadir. » La phrase est chuchotée et chuchotée encore. Comme se répandent ces regards inquiets qui se voudraient hypnotiques et demeurent inopérants. Mais Nadir va s'y perdre dans sa vengeance, tant sa haine en fait un être faible, manipulable à l'envi. Sa justice sera une vengeance primitive.

*

À chaque mort, la rumeur diffuse son poison jusqu'aux quartiers alentour. C'est comme pendant les guerres… la rumeur reste la chose la plus sûre qui puisse nous venir aux oreilles. Même inexacte, elle est toujours révélatrice, la rumeur. Au moins d'une ambiance, d'une peur. Un travail de flic reste incomplet, focalisé sur les faits. Non, même pas les faits… sur les preuves, sur ce qui pourra confondre quelqu'un devant une cour de justice. Et s'il n'y a pas de traces, pas de témoins, pas d'aveux, eh bien le flic joue les naïfs en faisant celui qui ne sait rien. Et dans les journaux, à la rubrique « Faits divers », on écrit presque intégralement sous la dictée des flics.

La justice ne peut pas se contenter de rumeurs, mais les voyous, si… En voici le mécanisme : le mort meurt et chacun se tricote sa petite histoire. Et comme tout le monde se parle, toutes les histoires se confrontent, se recoupent, se télescopent, se complètent, se contredisent ou se confirment. Et ceux qui n'ont que ça à foutre, ou y ont un intérêt direct, font lentement le ménage pour accoucher de quelque chose d'assez proche d'une réalité et, de toute façon, invérifiable. Les voyous prennent leurs décisions avec ça. La rumeur hante jusqu'à ce qu'elle fasse une apparition. Et j'ai rencontré l'un de ces spectres.

Une cannette de bière bien serrée dans son poing droit, il parle en agitant sa main gauche avec de petites convulsions toutes marseillaises. Le tout s'équilibre comme ça. D'une voix de supporter de l'OM après une nuit blanche, râpée par tout ce shit au goudron fumé depuis trop longtemps, il bavasse au téléphone, multipliant les allées et venues sur deux mètres devant un arrêt de bus non loin des Micocouliers. Son regard jaune se cache derrière ses lunettes de soleil masquant en partie ses joues grisâtres à la barbe pelée. Un écouteur dans l'oreille, il tord son cou dans des spasmes pour maintenir sa bouche en face du micro. Mais le fil pendouille sur le côté… il n'est branché à rien. Je le baptise « Kit-main-libre ».

On me l'expliquera plus tard, Kit-main-libre est un de ces pauvres types en double file de la société, comme il y en a tant dans les quartiers de misère. D'ailleurs, ses yeux, quand on arrive à les voir, clignent comme des warnings. Le garçon est fou, ce qui le rend inoffensif aux yeux des mauvais gars du quartier. Il paye sa dope et, pendant des heures, reste à écouter les palabres de dealers, d'un bas d'immeuble à un autre, sans dire un mot, pour ensuite réorganiser tout ça dans son monde intérieur et le transmettre – mais on ignore à qui – avec son téléphone imaginaire. Bien renseigné, que ça à penser, obsessionnel : le parfait logiciel.

« Ouais, frère… Tu sais, celui qu'a un gros cul, là… ouais… Lui que sa mère elle a plein d'associations aux Flamants… Mais ouais ! Là… Berrebouh ! Y sont trois frères, et lui, il tient le réseau… Voilà… J'étais avec lui avant qu'il mange de la taule, je faisais la fourmi, t'y as vu. Un kilo à amener par-ci, un kilo à amener par-là, je faisais des sous pour fumer et les condés m'ont jamais niqué… Ouais, ben lui, là, Medhi, avec ses frères y z'ont croqué le cerveau du père de celui qui s'est fait tuer au Campanile… Pour en faire une arme… Une arme, ouais ! Pour qu'il foute le bordel… Et le clando, il a mis la misère au quartier, t'y as vu… La misère ! De longue partout y cassait les couilles pour savoir qui avait buté son fils… je sais… le clando, y frappait les charbonneurs des Micocouliers, du Castellas, de Saint-Joseph… Rien qu'avec sa matraque en bois, il leur a mis le feu… Il avait la rage… La bave aux lèvres qu'y a que les clandos qui sont comme ça, frère… Oh… C'était un fou, le clando… Y avait le petit Tir, là… Lui qu'est malin, vicieux… Le petit Farid, là, qui a grandi à Bassens… C'est un collègue des Laribi et des Berrebouh… Eh ben, tu sais quoi ? Il collait au cul du clando, il faisait le confident, il mangeait chez lui… que c'était un bon copain à son fils… qu'il allait l'aider à le venger… qu'il les soutenait pour quoi que ce soit si besoin… et nanani et nanana… quoi ?… Eh non !… Quoi ?!… Non, t'y es fou, frère, je sais pas s'il est derrière… le clando y s'est fait dévorer la tête de partout… Tu lui disais "c'est lui, là !", il fonçait comme un pitbull… Eh ouais, des questions à coups de tête, comme au bled… Mais il a mangé aussi… Y se laissaient pas faire en face… Un clando, quand ça s'attaque aux trafiquants, c'est plus un clando, c'est un problème, frère…

» De t'façon, y z'avaient pas tous buté son fils… Alors il a considéré que c'est le trafic qu'a tué son minot. Y en a plein qui disent qu'il a buté Allili… Nabil Allili… Quoi ?… Hé ! Qu'est-ce j'en sais, moi ?

C'est pas Allili qu'a tué son fils, mais c'est lui qu'a payé… D'où t'y as vu que c'est juste, une vengeance ?! De t'façon, le clando, il a dit qu'il les niquerait tous… Eh ouais… En fait y s'est suicidé, le gadjo. Y s'est suicidé à la kalachnikov… Deux chargeurs… Y restait que la tête… Le corps, c'était de la viande… Les mecs en tirant y z'ont gueulé : "Tu l'as cherché, enculé !" Que sa femme, elle a entendu les coups de feu… Les rafales… Comme un mauvais coup de téléphone… Mais par la fenêtre… Elle est venue de suite. C'était à la sortie de l'autoroute, juste avant l'embouteillage… Y en a qui disent qu'un mec est descendu du Picasso du clando, puis qu'une voiture l'a poussé contre la glissière, t'as vu… Sont sortis à deux… Et z'ont tiré… Tadadadadadadadada !… Devant tout le monde, à l'heure de la sortie des bureaux… Y avait un embouteillage et les gens y prenaient des photos… hé !… Tu le sais… Ça excite, le sang…

» L'année d'avant, son minot était tué… Après c'est son mari… Franchement, Berrouag elle est perdue, elle comprend plus rien… Elle sait pas qui détester… J'rigole pas !… Pour de bon !… Y a à la fois tout le monde et *dégun* qui en voulaient à ses deux hommes… Kader et Nadir, c'était des *dégun*… Pas équipés, personne derrière… C'était perdu d'avance… Même que le père il était tranquille au début, honnête et tout, se mêlait pas des trafics… Y faisait ses affaires… Fallait juste qu'on lui casse pas les couilles… Y z'ont fait au père comme y z'ont fait au fils… non !… pas sûr que c'est les mêmes… Mais le fils déjà il avait la rage, frère… Comme il était pas équipé, qu'y avait personne derrière lui pour le faire grandir, il a voulu passer en force… devenir un caïd… Par la bagarre… Lui aussi, ils lui ont mangé la cervelle, et pour faire ses preuves, il a tué Gomari… Juré ! Sur ma cannette de bière !… C'était un petit violent aussi Gomari, de Bassens, plus casse-couilles que Kader encore… Beh… il est mort… *Out !…* Et Kader, y s'est pris pour un ronflant… Un tueur… L'ont fait sniffer, lui ont jeté sur le *sgueg** une bombe atomique… Qu'elle s'était même fait poser des gros tétés !… Et puis la Rolex aussi… Il est allé s'habiller au Saint-Honoré Paris, là où vont tous les voyous de la région, tout en Louis Vuitton… Y s'est pris pour un roi… Ils l'ont tué comme une merde… »

Comme je le regarde un peu trop en prenant frénétiquement des notes, Kit-main-libre me jette par-dessus ses lunettes ce regard du fou gêné pris sur le fait. Alors il change de conversation. « Oh ! Au fait… J't'ai pas raconté ma poursuite avec les condés ?! J'étais à deux dix sur ma moto… Bah !… Sont devenus tout petits dans mon rétro… »

Je prends mon bus pour vérifier ce qui est possible avec les flics, puis deux voyous que je sais bien renseignés. Tout bon. Ils ont même appris des trucs.

Kit-main-libre venait d'expliquer pourquoi Nadir avait été abattu par deux kalachnikovs juste un an après son fils. Ne comprenant rien à la situation, le père de Kader promettait de tuer tout le monde, ceux qui trafiquent. On l'a donc neutralisé avant. Et « on », ça peut être n'importe qui parmi les bandits du secteur.

*

Avec la mort de Kader, la haine est concurrencée par de nouveaux emmerdements dans la famille Berrouag :

* La « bite » en marseillais, d'un mot gitan.

déménagement précipité dans une maison vétuste louée par une structure qui dépend de la ville de Marseille, dans le même quartier, en bordure d'autoroute, aux Arvanants ; achat de nouveaux meubles à crédit pour se donner l'illusion de recommencer quelque chose pour les quatre enfants restants ; une nouvelle voiture, une Citroën Picasso, celle qui sera bientôt perforée au 7,62 avec Nadir dedans... Bref, tout pour plonger vers le surendettement, et encore plus profond.

La thyroïde déjà foutue en l'air, un truc moche dans la gorge par des années de tabac, Souad ne peut plus travailler. Avant, elle s'était occupée d'une grand-mère dont le fils pourrissait en prison, puis avait vendu à la sauvette différents produits achetés là très peu cher et revendus ici peu cher. De quoi faire une modeste marge. Nadir parvient difficilement à payer les traites avec son quotidien ordinaire d'un côté et son projet de vengeance de l'autre. S'il ne fait rien de très illégal pour gagner sa vie, il ne fait rien de vraiment légal non plus. Une petite délinquance de survie qui ne se voit même pas comme telle.

Ses quartiers de jour, ceux des petites combines, sont ceux du centre-ville de Marseille, de part et d'autre de la fameuse Canebière qui déçoit rapidement les touristes qui ne s'y aventurent jamais bien longtemps. Nadir joue les fournisseurs de magasins de fringues où tout est moins cher qu'ailleurs, un peu comme si, dans ces quartiers, Belsunce, Noailles ou Saint-Charles, les prix bénéficiaient d'un microclimat. Nadir se rend régulièrement à Vintimille, à la frontière italienne, pour y faire le plein de contrefaçons, notamment des imitations de vêtements de sport, ou de vrais produits sortis des réseaux de distribution des marques qui se font ainsi de la publicité à bon compte en étant présentes partout. Puis, sa voiture pleine à craquer et conduite sans permis (ses papiers algériens ne sont pas valables en France), il revient proposer ça à ses connaissances. Et il connaît tout le monde. Les réseaux d'entraide entre clandestins constituent naturellement des filières commerciales.

Nadir est quelqu'un de très apprécié. Il arpente le quartier toute la journée, slalomant entre les vendeurs de cigarettes de contrebande qui marmonnent, les mâchoires serrées, « Legend… Legend… Marlboro… Legend… », sous les caméras de vidéosurveillance de la ville – pour près de 10 millions d'euros – que ces « sauvettes », comme les appellent les flics, ignorent sous des parasols à 4 euros l'unité. Aucune loi n'interdit encore de se protéger du soleil. L'un de mes meilleurs indics dans le secteur s'appelle Octave. Enfin, je l'appelle Octave à cause de son sourire dévoilant des dents en touches de piano – une blanche, une noire, une blanche, une noire, deux blanches. Octave est bien plus fort que les caméras de surveillance. Sa compétence, c'est l'information. Capable de reconnaître toute personne passant au moins deux fois dans son coin. Une mémoire bien conservée dans l'alcool. De Nadir, il sait tout : il prend son café le matin, sur le cours Belsunce, au Socrate (*chicken*, hallal et hamburger), où il met parfois un billet sur la table ambulante d'un forain improvisé qui répète « Où la boule ? Où la boule ? », en laissant gagner un joueur sur trois pour attiser l'espoir des parieurs hésitants. Puis Nadir enchaîne sur sa tournée des magasins de textile. Soit il a un truc à vendre, toujours à un bon prix, soit il a des services à rendre, chaque chose ayant son prix.

À Noailles, tous ces types derrière leurs étals de fruits et légumes colorés, toutes ces femmes aux fourneaux à même la rue, tous ces paumés qui déambulent comme des gosses dans leurs pensées, tous ces gens pressés qui se croisent ne sont pas des malhonnêtes, loin de là. À Marseille, les pauvres sont le cœur de la ville. Et dans cette économie informelle, on ne se préoccupe pas plus que ça de savoir ce qui est autorisé ou pas. L'important, ce sont les petits boulots pour tout le monde. Pas vraiment de l'entraide, plutôt un équilibre précaire pour donner une activité à tous et leur permettre d'exister et gagner quelques euros. Du négoce, des courses, du transport, du renseignement, de la surveillance et du recel. Des vols souvent. La marchandise se retrouve toujours chez celui qui saura comment l'écouler. Une sorte de tri spontané. Ni Dieu ni maître. Et ça marche comme ça, dans le centre-ville.

D'abord, il faut voler.

L'arrachage. Mais ça, Nadir n'y touche pas.

« Le problème pour nous, c'est pas les caméras, c'est les vrais flics, ceux qui nous attrapent. » En disant cela, Charognard envoie un discret coup de menton vers l'un des pylônes de vidéosurveillance de la rue Saint-Ferréol, une voie commerçante piétonne. Bien sûr, « Charognard », ce n'est pas son nom, mais le surnom qu'on lui a donné, à cause de sa méthode d'arrachage de colliers ou de sacs. « J'attends longtemps », il roule des yeux de gauche à droite, « Je guette, je cible », lève un index, « Il me faut du facile, des vieux ou des touristes, ou des gens qui tiennent leur sac comme ça ». L'air efféminé, il fait mine de tenir une anse du bout des doigts. « Et beuahh ! J'attaque », son poing fermé s'écrase sur la paume de sa main ouverte. Charognard le dit lui-même : « Je suis une enflure. » Pas de pitié, « c'est le boulot ». À 21 ans, c'est un pro des agressions. Pourtant, son casier judiciaire reste presque vierge. « J'ai fait quelques gardes à vue après des bagarres, et une escroquerie quand j'étais petit. » Aucun vol avec violence. « Nous, on pense notre manière de faire », lance-t-il, fier de lui, comme en attente d'un compliment. « Nous » désigne son équipe, tous de la même cité, Félix-Pyat, « spécialisée dans les arrachages ». Il plisse ses grands yeux noirs cernés. « La manière de faire », en un mot, c'est l'adaptation aux caméras de surveillance qui ont poussé comme du chiendent ces dernières années dans les rues de la ville. Un savoir-faire rodé qui repose sur une astuce : tous se ressembler pour tromper les caméras. Car il n'est pas question de porter une cagoule en plein jour, en pleine rue, le meilleur moyen de se faire repérer et de voir son projet avorter.

« On va bosser à quatre ou à six, mais on reste pas ensemble, pour pas attirer l'attention. » Les équipes ne sont pas formées au hasard, mais composées en miroir légèrement déformant. « Par exemple, si on a une équipe de deux, avec l'un qui a les cheveux longs et l'autre qui a les cheveux courts et une casquette, eh bien l'autre équipe se fringue presque de la même manière avec juste des petits trucs de différents. »

Leur méfait commis, les arracheurs et l'autre équipe se retrouvent immédiatement dans l'un des multiples recoins, hors du regard des caméras dont ils possèdent une carte régulièrement mise à jour et reconnue avant chaque raid. Ils les connaissent à fond. Le butin file dans les mains de celui de la seconde bande qui ne ressemble pas au voleur. Celui-ci échange quelques vêtements avec son équivalent de l'autre équipe, et tous se dispersent, les cheveux longs d'un côté, les courts de l'autre. Le porteur des objets volés va rapidement les déposer dans une planque ou chez un receleur intermédiaire dans une arrière-boutique.

Du coup, les flics qui décrivent leurs cibles par radio, mais uniquement sur des critères physiques et vestimentaires, interpellent rarement les bons. Même avec les images vidéo, ils n'arrivent jamais à prouver quoi que ce soit. Charognard plastronne d'un air entendu : « Et parfois, c'est encore plus compliqué que ça. On est moins cons qu'on n'en a l'air », rigole-t-il de ses dents abîmées. « On fait venir les microbes. » Les microbes ? Il grimace plein de mépris. « Oui, les petits crétins de 13-14 ans qui font de la monnaie avec le shit et viennent acheter du Lacoste ou des méchantes baskets. Ces minots, dès le plus jeune âge, on leur bourre le mou. Eux, ils veulent montrer qu'ils ont des couilles, alors ils volent et arrachent sans réfléchir. Quand ils descendent en ville, les flics ne voient qu'eux… Alors nous, ça nous laisse tranquilles pour bosser plus. » La vidéosurveillance peut bien tourner à fond.

Après l'arrachage, d'autres petites mains prennent le relais. En fonction des prises – téléphones, or, bijoux, papiers d'identité, moyens de paiement –, les premiers intermédiaires payent les voleurs et orientent les produits vers des receleurs plus ou moins spécialisés. Tout est dispatché par de petits transporteurs dans des lieux spécifiques, loin des caméras, au fond de couloirs sombres ou dans des arrière-boutiques. Une bijouterie de la rue d'Aix se charge de l'or. Un kebab de la rue des Convalescents prend les portables. Les papiers d'identité filent dans une cave de la rue de La Palud. Chaque jour, tout bouge, tout change, selon la rumeur populaire en mise à jour perpétuelle. Les plus misérables s'acquittent sans états d'âme de cette tâche qui ne demande, finalement, comme compétences, que la marche et une bonne connaissance du quartier. Dans un second temps, les produits rejoignent des filières plus spécifiques, remontant très souvent jusqu'aux trafiquants de stupéfiants bien installés et capables d'en obtenir un bon prix, voire de les injecter dans le commerce légal.

On apprend vite à être dégourdi quand il faut faire du fric. Dans le quartier de la gare Saint-Charles, trois minots, 10 ans, aux frimousses de boy-scouts, me font la démonstration de leurs talents et de leur capacité d'adaptation. Le plus petit a dérobé le sac d'une dame dans un bar du centre-ville. Butin : un chéquier et une pièce d'identité. Que vont faire les deux autres ? Aller louer une PlayStation 4 et plusieurs jeux vidéo dans un magasin spécialisé du 4e arrondissement qu'ils ne fréquentent jamais. Ils laissent un chèque de caution avec la carte d'identité correspondante, « C'est ma grand-mère », et ne ramèneront jamais la console vendue une fois tous ses charmes épuisés.

Nadir, le père de Kader, ne vole plus depuis longtemps. Certes, il a été pickpocket à son arrivée en France, quand il n'avait même pas de quoi s'abriter du mistral glacé de l'hiver. Mais au fil des ans, il s'est forgé un réseau de connaissances suffisamment costaud pour diversifier ses activités sans aller au-delà du petit délit, des sauvettes, de la vente non déclarée et des petits services. En fait, son seul réseau, ce sont les pauvres du centre-ville. Après de longues années, ceux qui vivent les uns sur les autres, qu'ils s'aiment ou non, finissent tous par se ressembler. Même quand on se déteste, il y a du grégarisme dans ce quotidien qui rassure autant qu'il pèse. Et tous ces gens-là ont quelque chose qui les tient ou leur fait toujours croire en un avenir meilleur : le jeu. Comme l'immense majorité des miséreux, Nadir joue beaucoup. L'espoir de gagner du fric, c'est déjà accomplir la moitié du chemin. En plus, il a de la chance ! Ça le rend généreux et sa femme en est fière. « Quand il gagne, c'est moi qui vais chercher les sous, parce que c'est moi qui place l'argent, sinon il donne à ses copains, offre le manger à l'autre. On boit un coup, va acheter ça à la femme de mon copain, aux enfants de mon copain… Il a gagné pas mal. »

Ça le fait marrer, Octave, de sa belle gueule en piano ouvert. Il rigole comme un fumeur, Octave. En toussant un peu. Surtout, il a la recette pour gagner : « Pour les tickets gagnants, faut aller au PMU des chibanis, là où il y a les magasins fermés sur la Canebière. » Je m'y rends, mais seul. Les habitants et familiers de cet immeuble ignorent tout de son passé historique : l'incendie en 1938 des Galeries Lafayette, ses soixante-treize victimes, et la construction par l'architecte Fernand Pouillon de cet immeuble arrondi qui fascine beaucoup les gens de sa profession et déplaît au passant lambda. Tout cela leur passe au-dessus de la tête comme le grand porche sordide qui conduit à une galerie marchande semi-fantôme. Sur la gauche, on grimpe un escalier étroit aux marches aussi irrégulières que la dentition d'Octave, qui monte vers un horrible néon bleu formant les lettres PMU au M éteint. De sous la porte s'échappe de la fumée de cigarettes, présage d'un lieu confiné. Pourtant, la salle est immense. Sur la gauche, plusieurs files d'attente de vieux Arabes mènent à plusieurs guichets de paris sur toutes les courses possibles, diffusées sur les écrans de télés accrochés au plafond comme des moutons que l'on saigne à Aïd al-Adha. Sur la droite, une seule file d'attente : celle des gains. Entre deux courses, jeunes et vieux lèvent les yeux pour ne rien rater des tirages du Rapido, sorte de loto permanent. Ici se perdent une partie des retraites des chibanis, ces travailleurs algériens arrivés pendant les Trente Glorieuses, des RSA et autres pensions, juste pour vivre un peu d'espoir. Régulièrement, l'un d'eux sort de la file et s'approche d'un garçon, assez jeune, posté sur un tabouret de bar. Jeune mais gras avec une grosse bedaine qu'il caresse tout le temps comme s'il attendait un enfant. Il parle fort. « Tickets gagnants ! Je vends, j'achète. » Dans sa main, des tickets gagnants des courses du jour dont il négocie le prix tel un petit trader. C'est, ni plus ni moins, une opération de blanchiment d'argent au mécanisme simple.

Un joueur se présente avec un ticket gagnant, par exemple, de 1 000 euros. Le gros garçon le lui achète 1 100 euros sans valider le bulletin dans la machine de Paris Turf. Un peu plus tard, le détenteur de l'argent d'un trafic, d'un recel ou d'un vol, vient à son tour acheter ce ticket à 1 200 euros puis va encaisser dans les formes le bulletin gagnant. On lui remet donc 1 000 euros et un justificatif officiel de jeu gagnant. Au bout du compte, le gagnant authentique encaisse 100 euros de plus, de même celui qui facilite la transaction, et le délinquant a ainsi blanchi son argent. Les policiers ont l'habitude de récupérer un nombre fou de voyous chanceux au jeu. Blanchir de l'argent coûte toujours environ 20 % de la somme, quel qu'en soit le mécanisme. « Nadir, il gagnait toutes les semaines presque, des petites sommes, mais ça nous aidait bien. Une fois, il a gagné 20 000 euros au tiercé », précise sa femme. La chance s'achète aussi. Mais il faut faire l'avance.

Nadir est un fin connaisseur de ce petit monde plein de mini-combines et de grosses embrouilles. Octave le voit boire son coup le midi, d'un bar à un autre, puis dans un restaurant, et encore un autre. Déambuler d'un point à l'autre s'impose pour se montrer, rester dans le coup, ne pas rater d'affaires. Sauf depuis la mort de son fils. Là, il a été frappé de sobriété, au moins durant la journée, et on ne le voit plus sortir qu'avec les dealers qui cherchent à le manipuler. Et le soir, il devient dangereux, le père plein de haine.

Une première fois, ses nouveaux confidents l'ont emmené dans une boîte de nuit vers Salon-de-Provence, pour le faire boire et ensuite tenter de l'écraser avec leur véhicule sur le parking. Il n'est pas mort et n'a pas porté plainte. Pas de temps à perdre. Nadir, ce qu'il cherche, c'est à reconstituer les derniers jours de son fils depuis sa sortie de la prison des Baumettes, une Rolex au poignet. Le gamin ne voulait pas que ses parents viennent le chercher de peur de se faire descendre devant eux. Qui pouvait vouloir le flinguer ? Ce type qu'il avait castagné au parloir ? Il devait se marier, Kader. Larguer Sarah, la « fille de réseau », comme on appelle les bimbos qui fricotent avec les dealers, pour épouser Sonia, la « fille d'intérieur » bien docile. C'est Farid Tir, une mauvaise fréquentation de Kader, qui la lui a présentée. C'est que, quand on devient beau voyou, les nanas trop voyantes posent plus de problèmes qu'autre chose. À sa sortie de prison, Farid Tir l'avait emmené à la frontière espagnole dans un établissement de nuit dont il possède des parts. Entrée gratuite, mais la plus petite bouteille de bière au prix d'un champagne grand cru, et des filles pas farouches qui s'offrent à hauteur du volume des consommations. Officiellement, un club échangiste. En réalité, un bordel. Fréquenté par beaucoup de Marseillais comme Kader. L'Espagne, pour eux, c'est le rêve américain à prix discount. Kader se laisse éblouir. « Il lui a montré la BMW de location, lui derrière comme un pacha, du shit à gogo, des femmes en boîtes de nuit, hôtel avec piscine, le grand monde… » Dans le salon de Souad, les grandes photos de son fils qu'elle a accrochées partout ont été prises en Espagne. Mais, d'une grossière retouche, Farid Tir en a été effacé. Et dans le buffet vitré, l'originale a été déchirée d'un seul geste, en ligne droite de haut en bas, pour ne montrer que Kader au ras d'un grand vide.

En menant son enquête, Nadir se rend compte peu à peu que le règne de son fils a été celui d'un rebelle et d'un conspirateur, ne sachant plus à quel malsain se vouer. À toujours changer d'avis, on finit par choisir le pire. Ceux qui ont vraiment le goût du néant brûlent leurs illusions avant de mourir. La vengeance est un suicide. Kader avait bien mené la liquidation de son avenir sans que ses parents n'y puissent rien, pas plus que l'aide sociale, l'éducation ou la justice. Comme si sa destinée avait été de mourir jeune. Ce que ressent sa mère aujourd'hui. Aimer son enfant n'empêche pas qu'il meure, ça empêche juste qu'on l'oublie, et c'est déjà beaucoup.

VI

Malaise béton

Kader, la mort aurait pu lui tapoter la joue un gros paquet de fois tellement il était teigneux au quartier, à défier encore et toujours, du flic du coin au dealer d'en face. Ils sont une petite bande, comme dans le 13e arrondissement, à s'être crus indestructibles et à s'être quand même fait sauter la vie par différents calibres. Kader fut l'un des premiers. Et sa mort en a excité certains. Une quinzaine d'autres jeunes ont suivi, depuis, dans cette guerre incohérente livrée sans vraiment connaître l'ennemi. Tous. Le sang, c'est leur sueur, il coule avec l'effort et éclabousse ceux qui veulent affronter, empêcher ou accompagner. Une goutte de sang sur un drap blanc, voilà leur vie, leur courte vie. Flingués jeunes, par naïveté.

Mais ces « cramés » ne sont pas représentatifs de la jeunesse des banlieues. Il faut marteler cette vérité : les jeunes délinquants sont une infime minorité dans les quartiers populaires. Et, au sein de cette minorité, ils sont encore moins nombreux à dériver vers une carrière criminelle. Seuls 5 % des délinquants passés par la justice des mineurs deviennent multirécidivistes. Mais il ne faut pas nier non plus que Marseille possède des milieux criminogènes. Ils peuvent relever d'une carrière familiale, parfois, ou de l'effet de bande, souvent. Ainsi, dans un réseau de revente de shit, tous les acteurs n'ont pas vocation à « monter au braquage », l'ultime action pour montrer qu'on en a. « Contrairement au gestionnaire du réseau, les vendeurs de rue n'ont pas de plan de carrière », m'explique un jeune homme dont les amis d'enfance vendent du shit au bas d'un bloc. « Ils ne mettent pas non plus d'argent de côté. La seule perspective de carrière qu'ils ont, c'est de monter d'un cran. » Passer la cagoule. Une cagoule de fil d'or.

Car voilà l'obsession : du fric ramené avec panache. Eux qui à la naissance se savent tombés du mauvais côté franchissent la ligne pour récupérer ce qu'ils considèrent comme un dû. « Si à 50 ans on n'a pas une Rolex, on a raté sa vie », disait Séguéla. Eux ont divisé l'âge par deux. Avec, pour panoplie obligatoire, des marques comme Lacoste ou Longchamp, BMW ou Audi – la plus grosse – comme un symbole de la réussite dans des cités où même les rats se font chier.

Pour fignoler cette tragi-comédie, on parle mal, on n'articule pas, on coince sa voix dans les sinus, à sortir toujours les mêmes mots. « Foutre le bordel » prend des dizaines de sens en fonction de l'expression qui suit. Un dealer qui « fout le bordel » ne respecte pas les codes du moment adoptés par la pègre. La police qui « fout le bordel » vient de décider d'intensifier son action sur un secteur donné. Dans le bus, « on a foutu le bordel » décrit le chahut adolescent à un retour de plage. Et un prof qui « fout le bordel » essaye simplement de récupérer un élève qui est sur une mauvaise pente. Résultat, dès qu'ils sont plus de trois, les gamins ne se comprennent plus et cognent.

Ces gosses, je les retrouve lors du deuil de Skander, mort par balle, lui aussi. Plus de balles que d'années dans sa courte vie. Un meurtre dans la continuité de celui de Kader… Disons de la même guerre. Assis en enfilade sur un muret, des Coca et des Miranda entre les doigts. À même pas 12 ans, on n'y croit pas à la mort. On ne la prend pas au sérieux, alors on joue les tristes au moment où il le faut, puis revient vite cette furieuse envie d'emmerder l'autre, juste pour s'amuser un peu. Un petit caillou jeté à celui qui reste pensif, une claque derrière la tête. « Oh ! va mourir ! Pédé ! » ; « Ça va, dégage ! » ; « Allez, casse-toi ! » ; « Eh ! c'est bon, vas-y, crève, enculé » ; « Eh ! c'est bon, c'est lui, y fout le bordel » ; « Allez trace ! c'est bon, vas-y trace ». Des gamins qui s'expriment convenablement quand ils sont deux n'oseront pas se faire comprendre face à la bande. Toujours tirés vers le bas. Car il en faut des couilles pour se montrer instruits au sein d'un groupe. Ils ne vont quand même pas parler comme un juge, un flic, un prof ou un éducateur. Eux, leur langage, c'est un coup de boule. Ici, on se dit champion de krav-maga, de fumette ou de Kamasutra, mais jamais, au grand jamais, on n'avancera une grosse tête. Mais une grosse paire, oui… On leur a assez démontré que ça n'est pas leur monde, pas fait pour eux. Alors, l'insulte est une forme de ponctuation, une vulgarité protectrice adoptée pour longtemps. On perd le sens de la mesure, mais on gagne celui de l'agressivité quand on a arrêté l'école à 14 ans pour aller fumer et vendre du shit. Leur contenance, c'est ça : une virilité surprenante pour des gamins aux bras si fins avec, à la bouche, des insultes tranchantes comme des couteaux aiguisés placés sous la gorge.

Eux appellent ça la « culture du respect ». Être craint, c'est « exister ». Le sociologue Philippe Bourgois analyse cela comme une conséquence de la honte de leur condition. La honte comme maître régulateur des émotions. « Le trafic de drogue et les gangs offrent plus qu'un gagne-pain. Ils proposent aussi une société alternative où le courage, la dureté et l'esprit d'entreprise sont valorisés. Surtout, il libère de la honte d'être pauvre, sans emploi et incapable d'entretenir une famille. » La culture de la rue offre une alternative à leur marginalisation sociale.

Quand je rencontre ces jeunes pour la première fois, en général, ils me demandent du travail. « Oh ! le Français, t'as pas un CDI ? » ou : « Eh ! le journaliste, t'as du boulot pour moi ? » Des réseaux pour accéder à l'emploi, ils n'en ont pas. Dans la cité Félix-Pyat, une petite main noire m'explique, pleine de shit et de désarroi : « Moi, je veux juste devenir un Frédéric. » Un quoi ? Regard vexé, ton légèrement plus agressif : « Ben, un Frédéric, mon frère, un Blanc, un Français, un mec qui a une voiture, tranquille, une femme d'intérieur, un chien, des minots et un crédit, quoi... » Un crédit signifie avoir une maison et, donc, un emploi. Le rêve pavillonnaire en pourtour de Marseille, « loin de cette merde de cité ». L'émancipation par la beaufitude. Pour d'autres, par la délinquance, quand ils trouvent une raison de s'y mettre.

« On est dans une société où tout passe par le classement. Or, ces jeunes-là sont derniers partout. Quand ils passent à l'acte, ils ont l'impression d'être dans une trajectoire de réussite », observe Sofiane Majeri, animateur emploi au cœur des cités du Grand Saint-Barthélemy. Tous les jeunes en échec scolaire ne deviennent pas délinquants, encore moins criminels.

En revanche, la plupart de ceux-là ont connu le décrochage scolaire. Pourtant leurs écoles sont pour la plupart en zone d'éducation prioritaire, et les enseignants, pour en avoir rencontré beaucoup, sont motivés, formés et impliqués. Mais ces écoles restent celles de l'échec, pour la majeure partie. La présence de bandes et d'éléments extérieurs qui viennent traîner devant l'école et la léthargie de nombreux parents, non impliqués dans la vie scolaire, n'arrangent pas non plus l'environnement peu propice aux apprentissages. Les plus vulnérables sont donc aspirés par les réseaux de stups, mais la plupart y échappent. Le plus grand handicap vient du ghetto scolaire. Dans un même établissement s'accumulent les élèves concentrant les plus grandes difficultés sociales et familiales. Tout simplement parce que les parents qui ont espoir en l'école et qui en ont les moyens financiers placent leurs enfants dans d'autres écoles, en contournant la carte scolaire, ou en les inscrivant dans l'enseignement privé qui bénéficie, à Marseille, des largesses du maire, Jean-Claude Gaudin. Celui-là, on ne l'aperçoit dans les quartiers nord que lorsqu'il s'agit de couper de rares rubans.

On voit donc désormais dans les écoles catholiques des femmes voilées, soucieuses d'une bonne scolarité, venir déposer leurs gamins le matin. Parallèlement, l'école publique se paupérise toujours plus au cœur des quartiers les plus précaires sans laisser aucun espoir à ses élèves. Et tous ces démissionnaires du système scolaire deviennent des mômes sans diplôme. Quelques-uns y voient un avenir à finir en taule. L'éducation, certains la rencontrent justement en prison. Parfois, pour la première fois. L'établissement pour mineurs de

La Valentine a ouvert ses portes en 2007 et ne désemplit pas depuis.

*

Une lourde porte métallique. Une clé dans la serrure. Le bruit de l'enfermement. Sylvain, 16 ans, le 554e détenu de l'établissement pénitentiaire pour mineur (EPM) de La Valentine, dans le 11e arrondissement de Marseille, arrive là « pour une grosse connerie ».

La prison lui est présentée. « Cinq unités de dix détenus, un quartier disciplinaire, un gymnase et les six places d'accueil réservées aux arrivants. » Ce jour-là, la prison est pleine : cinquante-six détenus pour cinquante-six places. Il va devoir rester chez les arrivants, le temps de la durée de sa peine. Depuis ma première visite en 2011, rien n'a changé, ni en bien ni en mal. Deux évasions ont réussi par l'escalade du mur d'enceinte. La première fois en utilisant un panier de basket, la seconde en empilant des chaises et des tables. Les jeunes détenus ont toujours été repris. Ils avaient juste tenté de jouer les héros et fait un gros bras d'honneur à l'autorité.

Aujourd'hui encore, dans chaque unité, un binôme éducateur-surveillant veille tant au respect des règles de détention qu'à l'accompagnement de ces jeunes vers une réinsertion. Les bâtiments sont disposés en un angle droit en travers duquel trône un terrain de sport. L'établissement scolaire ferme ce triangle qui, pendant trois semaines, va devenir le territoire de vie de Sylvain.

L'école, il va s'y rendre tous les jours, sauf les week-ends. Une équipe pédagogique vient le rencontrer pour évaluer ses connaissances. Les classes, de quatre à cinq élèves, sont composées par niveau et non par âge. Sylvain n'étant pas trop en retard, il suivra les cours de troisième, légèrement adaptés.

Pour d'autres, il s'agit presque d'une première scolarisation. Cédric ne reste pas sur sa chaise. Capacité de concentration, cinq minutes. « Le premier enjeu est de le maintenir en place », admet un professeur. Cédric a toujours quelque chose à dire à celui qui passe près de sa classe. Et à chaque fois, il se lève : « Faut que je voie l'avocat » ; « Ma télé marche pas bien » ; « Y a des nouvelles du juge ? » Ils sont procéduriers ces gamins. « Ils calculent tout, confirme un éducateur, et ne font rien par hasard. »

Alors, à La Valentine, on essaye de les mettre en phase de réussite, avec de petits diplômes, des attestations de sécurité routière, des sanctions positives que beaucoup n'ont jamais connues avant leur incarcération. Faire l'école buissonnière est presque impossible. Le gros perturbateur sera pris en charge individuellement s'il le faut ; seul le mitard pouvant exonérer de cours. Et pour y aller, il suffit de bousculer un surveillant. Mais se retrouver isolé dans une cellule minuscule, sans fenêtre ni télé, n'intéresse pas deux fois. Même le plus réfractaire à l'enseignement. Les cellules du quartier disciplinaire ne sont donc occupées, en moyenne, que trois jours par mois.

La vie en communauté encadre le quotidien et les mouvements des détenus qui, hormis la nuit, ne sont presque jamais seuls. Sylvain, comme tous les nouveaux, ne peut être transféré d'un bâtiment à un autre que si la cour est déserte. « Pour éviter des premiers contacts houleux avec les autres », précise un surveillant, avant d'ajouter : « Il y a un bizutage verbal. » « On se fait insulter », confirme un jeune détenu. La prison demeure un milieu hostile. Et même si les adolescents vivent presque toujours sous surveillance humaine ou vidéo, la loi du plus fort reprend ses droits à la première occasion. Le racket sévit parfois, et tout est mis en place pour le prévenir. Ainsi, « il est interdit aux détenus de s'échanger quoi que ce soit ». Pour cela, la direction leur fournit des vêtements identiques.

À son arrivée dans l'unité d'accueil, Sylvain reçoit, comme les autres, le livret du détenu qu'il consulte sur le lit de sa cellule. Une cellule individuelle, comme toutes celles de l'établissement, avec une douche, des toilettes, un lavabo, une étagère, une armoire, une télé et un bureau éclairé par la fenêtre à barreaux où a été ajouté, il y a peu, un grillage. Il devra se charger du ménage et pourra la décorer comme il l'entend. Dans une autre unité, Cédric en a fait sa chambre avec des posters de rappeurs américains et des photos personnelles. Ce jour-là, il reçoit le poste de radio qu'il a « cantiné », comme on dit en prison. Pendant une seconde, ses yeux clignent comme ceux d'un gosse devant les cadeaux au pied du sapin. Puis il reprend son air blasé en râlant de ne pas avoir eu le dernier CD de Rohff.

Sylvain cantinera aussi un poste, « à ne pas écouter trop fort », comme le stipule le règlement. Durant son incarcération, Sylvain n'aura pas le droit de fumer, pas de PlayStation non plus ni, évidemment, de téléphone portable ou de lecteur MP3. « Ça, c'est vraiment dur », soupire Samir pendant le repas collectif de l'unité. Samir, lui, connaît bien la maison après avoir multiplié les conneries. « Il revient ici pour la cinquième fois », souligne un éducateur.

Le sport pour se défouler, la télé pour se détendre, le baby-foot pour s'amuser, tout ça en marge de l'école obligatoire et du projet de réinsertion élaboré avec l'éducateur. « Mais à chaque fois que Samir rentre chez lui, l'entourage le ramène à des activités moins saines », déplore le responsable. Depuis son ouverture en novembre 2007, plus de 2 400 détenus de 13 à 18 ans sont passés par l'EPM de La Valentine en 8 ans. Seuls moins de 10 % y sont revenus après des récidives. Et, à leur majorité, ils se retrouvent souvent aux Baumettes, la maison d'arrêt de Marseille, dont la réputation de prison dégueulasse n'est pas usurpée. Les types qui ont l'ambition de faire une belle carrière dans la pègre, au gnouf, ils finissent de s'endurcir la carapace. Tout le monde sait que la prison tient autant de l'organisme de formation accélérée que d'un Pôle emploi du crime dès lors qu'on y trouve les meilleurs criminels du marché.

Freddy y a fait ses classes. Un de mes amis d'enfance dont les entrées et les sorties rythment la vie depuis vingt ans, tel un rap bien agressif. Désormais, il a le sourire terne, comme si le tartre et le lichen des murs de sa cellule avaient gagné ses dents. Il a aussi la douceur fragile de celui qui peut tuer d'un coup. Taille moyenne, vif sans être impressionnant, il vaut mieux cependant rester son ami. C'est mon cas. Lorsqu'il n'est pas voyou, il est adorable. Je l'ai toujours connu dans la magouille. À la fac – où on était ensemble –, Freddy n'y venait pas beaucoup, juste pour trouver des filles, avec un réel succès. Le charme du mauvais garçon. Quand j'allais chez lui, dans le centre-ville, partager une soirée pizza-PlayStation-fumette, il avait toujours une entourloupe en cours, des choses nouvelles fraîchement volées, des trafics de tout et n'importe quoi… Mais il ne mêlait jamais ses amis à ses activités délictueuses. « Les conneries, c'est comme la clope, mieux vaut ne jamais commencer, comme ça, tu n'as pas à t'arrêter. » Chez lui, c'était toujours allumé, lumières, musique ou télévision. Toujours. Pour entretenir l'illusion de sa présence constante. « Quand tu as quelque chose à te reprocher en permanence, soit tu te caches tout le temps, soit tu donnes l'impression d'être toujours au même endroit… Ça te fait un alibi à un moment ou à un autre. »

Il avait filé un billet au releveur de compteurs pour qu'il ferme les yeux sur une manipulation consistant à figer les chiffres de la consommation dans la gratuité. Dans ses placards, il avait tout en double, en triple. Comme ça, pour dépenser et se sentir rassuré. On passait parfois chez sa grand-mère, à deux pas de Noailles, une petite vieille italienne tout attentionnée, comme ces immigrés ritals qui ont gardé un bout de Calabre dans leurs manières quotidiennes. Le dévouement et la misère, elle avait apporté ça d'Italie. Freddy fouillait dans son sac sans autorisation en hurlant, même si la fenêtre était ouverte : « Mémé ! T'as mis où le shit ? Mémé ! » Elle rappliquait confuse et ils s'engueulaient dans un ballet de gestes amples, en retournant la maison pour remettre la main sur cette savonnette qu'elle se rappelait ensuite avoir mis au frigo dans un Tupperware, « parce que, comme ça, la police ne penserait jamais à aller trouver quelque chose là ». Et Freddy, soudain fier d'elle, l'embrassait sur le front. Elle rougissait en faisant mine de le chasser.

Mais un matin la police avait encore réveillé Freddy. On lui avait tout secoué chez lui, tiroirs, placards, canapés, garde-manger, vêtements, chaussures, matelas et sommier. Des livres non, il n'y en avait pas, sauf quelques revues pornos, du temps d'avant YouPorn et le cul en ligne. Tout avait été retourné, donc il s'attendait à ce que ça lui tombe dans la boîte aux lettres. Convocation devant un enquêteur. À cause de tous ces objets volés. Du coup, son sursis avait sauté et il était retourné en taule.

Freddy n'a pas eu trop l'occasion de parler à son père dans son enfance. Le « vieux » était presque toujours en prison, et, dans la vie civile, presque toujours en cavale. L'homme en était simplement arrivé à cette absurdité qu'il braquait encore et encore pour financer ses séjours en taule. Alors en prison, Freddy et son père ont pu se croiser pendant quelques mois et faire un peu mieux connaissance, dans la bibliothèque, en chuchotant devant des livres ouverts. Puis le fils est sorti et le père est entré en centrale où il séjournait toujours en 2015.

Pour sa première entrée en cellule, « assez tard, à plus de 20 ans », note Freddy presque étonné, il s'était fait beau. Maillot de l'OM floqué de son surnom, survêtement Adidas Khalifa Airways et claquettes Fila aux pieds. « Là, juste après les douches, un mec est venu me dire que les claquettes étaient désormais à lui. Il avait une grosse tête de bœuf avec une mâchoire bien carrée… C'est là que j'ai cogné, une seule fois. Il a un peu saigné, allongé dans l'eau de la douche. Et on m'a plus cassé les couilles. On m'a juste fait intégrer la salle de boxe. »

En prison, tout se joue dans les premiers jours. La réputation et donc les conditions d'incarcération. Comme dans un collège, mais sans profs ni surveillants, où l'on ne récompenserait que les plus violents, option sadique. Freddy en a vu à l'œuvre quelques-uns de ces bons élèves du crime. Notamment un certain Michel Filippi, condamné en 2001 pour trafic de drogue dans la cité de Frais-Vallon (13e arrondissement), cité moins bucolique que ne le laisse supposer son nom. Évidemment, l'homme visait les plus vulnérables. Freddy revoit les scènes. « Il ordonnait à deux de ses gars d'infliger de solides corrections à des vieux. » Des coups, répétés, quotidiens, des étranglements, des torsions de membres… « Et les mecs étaient obligés de demander de l'argent à leur famille pour que ça cesse. » Certaines familles auraient lâché des fortunes, jusqu'à la ruine, pour la tranquillité d'un oncle, père ou frère en prison. L'argent, commandé au parloir, était remis dehors, à Frais-Vallon, à un lieutenant du caïd. En prison, avec ses deux acolytes, Filippi se piquait aux hormones de croissance, un produit qui fait gonfler les biceps et l'agressivité.

Il avait pour second un grand type, tout en muscles, un regard noir en coin, une cicatrice sur le front et une lame de rasoir dans la bouche. « Il l'avait tout le temps, mangeait avec, dormait avec, fumait avec, et quand il faisait la bise à un mec qui n'avait pas fait ce qu'il fallait, le balafrait d'un coup, comme ça. » Freddy mime le geste vif de la droite vers la gauche. Tranchant. « Ce genre de mec, on les évite, on ne se montre pas faible ni vulnérable, et on ne se mêle de rien », résume mon pote. Un vrai expert de la vie en prison. « Avec un mégot que tu brûles et que tu aplatis avec l'ongle, tu peux fabriquer une lame. » Démonstration à l'appui avec l'application de l'artisan. Un vrai coupe-choux, aucune peau n'y résiste. En cellule, sa principale activité consistait à ne rien faire. Léthargique. Collé devant la télé à en devenir épileptique. « Moi qui dehors aime tellement bouger, en détention, je suis comme en hibernation. » Une jouissance à ne rien branler. Tout devient lent. « Quand il fait chaud l'été, dans la cellule, ça sent le moisi, et si t'as des chiottes bouchées, ça sent la merde. Alors on se mettait à la fenêtre, les bras et les jambes à travers les barreaux, pendant dehors, les mains libres et les pieds au vent. Et on discutait sans se voir les uns les autres. » Mais à force aussi de jeter des ordures par la fenêtre, les rats n'ont cessé de grossir et de se reproduire. Alors, la direction a fait installer des grillages en plus des barreaux aux fenêtres. Fini les bras dehors. « Et ça, c'est putain de dur. » Plus de liberté des membres, moins de lumière, l'impossibilité d'échanger librement. Sans compter la chaleur. La fin du yoyo aussi. « Quand d'une cellule à l'autre, par les fenêtres, on se fait passer avec de la ficelle quelque chose, un truc à bouffer, à fumer ou pour cuisiner. » La prison demande de l'organisation. Cantiner quelques pâtes, de la sauce tomate ou un peu d'ail suppose d'attendre de deux à quatre semaines avant de les recevoir. On parle de nouilles en prison, de plats de pâtes, les trois quarts du temps on parle de bouffe. Le reste des discussions tournent autour du cul et des coups qu'on a faits ou qu'on compte faire. « Pour le cul, on se débrouille tout seul, il y en a qui se rendent service, et d'autres qui ne choisissent pas. » S'en plaindre, c'est prendre le risque d'une sanction. Là encore, les plus vulnérables se retrouvent vite dans l'incapacité de se défendre. Dans tous les cas, ne reste qu'à offrir sa soumission.

« Quand j'étais à Luynes, on faisait rentrer des trucs dans la maison d'arrêt, du shit, des téléphones, ou simplement de la bouffe… des oignons, ça vaut de l'or en prison, des oignons pour faire des pâtes à la tomate… on les faisait rentrer par les parachutes. Dehors, t'as un collègue qui jette par-dessus le mur une boîte qui est ralentie par un sac en plastique mis comme un parachute. Mais ça tombait tout le temps sur le même toit. Alors, pendant la promenade, on faisait semblant de quiller un ballon sur ce toit et on envoyait le tromblon du moment, celui qui ne résistait pas. Une fois sur deux, il se faisait choper. » À force de brimades et d'humiliations, les faiblards du départ s'effondrent ou se rebiffent pour devenir les pires. À la sortie, on les voit partir à la conquête de leur cité comme s'ils revenaient des enfers. Ils ne clignent plus des yeux, sont bornés, paranoïaques et violents, et n'ont plus d'autres arguments qu'une haine sans fond qui a gommé toutes leurs peurs. Obstinément butés, ils restent seuls souverains d'un avenir qu'ils décapitent. Seuls ceux qui les connaissaient auparavant peuvent les rencontrer sans crainte. Le passé, uniquement, mérite leur confiance. Ceux du présent sont soit des ennemis, soit des concurrents, soit des traîtres, soit des lopettes, en tout cas des gens qu'il faut enfermer dans une certaine tension. J'en ai fait l'expérience en croisant quelques-uns de ces types. Certains me connaissaient bien avant leur incarcération, d'autres, non. Cela changeait tout.

Lamine Laribi, par exemple. L'un des patrons de la cité Bassens, toujours détenu en 2015. J'ai croisé son chemin en me faisant discret. La violence circulait chez lui en allers-retours presque métronomiques. Brave mec, soudain capable de devenir la pire enflure. Même sa générosité pouvait être brutale lorsque, sur un coup de sang, agacé de voir les gamins désœuvrés pendant l'été gêner ainsi son trafic de stups, il s'en alla voler une pelleteuse pour creuser des trous dans l'espace central de la cité. « Mettez des bâches et faites une piscine ! » Aussitôt ordonné, aussitôt exécuté. Les gamins ont pu barboter tout l'été. Lamine ne piqua plus de colère pour ça. Ses sautes d'humeur étaient bien connues. Une inconstance presque cultivée pour entretenir la crainte autour de lui. Les voyous ambitieux sont comme ça souvent, aussi imprévisibles qu'intransigeants. Et presque toujours attachants quand la violence s'éloigne.

Freddy, lui, n'a pas changé avec la prison. Le même gars avant et après. Quand il dit qu'il a raccroché, tout est relatif. Chez lui, deux fusils à pompe, « mon arme préférée », deux kilos d'herbe de cannabis, « pour vivre un peu mieux qu'avec mon seul salaire d'éboueur », et plusieurs grenades déposées dans deux gilets pare-balles « que je dois apporter à mon cousin de la part d'un collègue ». Il continue à truander ERDF et GRDF et sait toujours où trouver n'importe quoi à des prix imbattables. En prison, il a noué des contacts avec des beaux mecs capables de lui offrir une belle carrière dans la voyoucratie, mais, au parloir, il a fait un gamin à sa compagne. À la sortie, il a découvert le bébé. Freddy s'est donc rangé et a fait comme on fait dans ces cas-là à Marseille. Il a trouvé le bon piston pour rentrer à la communauté urbaine. Un mec rencontré en taule, bien implanté dans Marseille Provence Métropole, l'a récompensé ainsi de sa gentillesse carcérale, notamment de ses talents de cuisinier. « Je ne faisais que des pâtes en sauce. »

La prison l'a bien calmé, Freddy ; pas assez faible pour s'y transformer en monstre, pas assez ambitieux pour y trouver de quoi grandir. « Et puis, tu sais, la prison, on dit que c'est le Club Med parce que des mecs font semblant d'en sortir épanouis ou se prennent en photo là-bas, tout sourire avec du fric et tout, pour faire les mariolles sur Facebook, mais c'est juste pour pas se montrer fragiles. Ici, chialer, c'est un truc de pédé. Il y a déjà trop de problèmes pour s'autoriser à s'effondrer. Sauf la nuit, là on entend des mecs pleurer dans leur matelas, les mêmes qui peuvent te planter en cour de promenade et racontent s'en battre les couilles de la prison quand ils sont au quartier. » Au-dehors, on se berce d'illusions et, en prison, on s'endort comme on peut. On fume du shit, beaucoup, pour trouver le sommeil. La prison possède ses dealers, et c'est bien plus cher qu'à l'extérieur. On y consomme aussi des anabolisants, pour prendre un peu de muscle et réveiller son organisme. On en sort encore plus chimique qu'on y est entré. La prison te distille un concentré de délinquance pure.

*

Déjà, c'est une sacrée merde ce qui se fume à Marseille. On ne le répétera jamais assez. Les produits de coupe sont nombreux : sucre, huile de vidange, engrais et pesticides, antifongiques ; d'une neurotoxicité fatale pour un système nerveux d'adolescent. Il y a aussi le henné et le talc. Le shit le moins cher est évidemment le plus nocif. En bout de chaîne, quand on est le plus petit dealer, que plusieurs intermédiaires ont déjà coupé le shit au henné, au cirage, au charbon ou au pneu, le dernier vend quelque chose de tellement dégueulasse qu'il doit y réinjecter un effet qui donne quand même au client l'impression de fumer de la drogue. Les anxiolytiques sont parfaits pour ça. Tant que le client plane un peu, il n'est pas regardant sur les conditions de décollage. Je demande à un dealer de

Kalliste avec quoi il coupe son shit sec comme du charbon. Il me répond comme un prof de chimie. « On a du clorazépate potassique, c'est du Tranxène. On me l'a descendu des Alpes, chouré dans un truc de vétérinaires. C'est pour les vaches, je crois, des cachets gros comme des fraises Tagada. »

Même si c'est un cas isolé, lié à une opportunité, c'est arrivé et cela pourra se répéter. Et ce produit toxique arrive toujours dans les mains des ados des cités qui le fument, car c'est le moins coûteux. En janvier 2012, l'Agence française de sécurité sanitaire des produits de santé (Afssaps) a décrit la nocivité de ces substances sur le cerveau de ces gamins. « Elle peut entraîner un syndrome associant des troubles du comportement et de la mémoire et une altération de l'état de conscience. Peuvent être ainsi observés les effets suivants : aggravation de l'insomnie, cauchemars, agitation, nervosité, idées délirantes, hallucinations, état confuso-onirique, symptômes de type psychotique, désinhibition avec impulsivité, euphorie, irritabilité, amnésie antérograde et suggestibilité. » Combien de petits dealers de rue sont dans cet état ? Tous, un peu. En février 2012, l'Observatoire régional de santé (ORS) Provence-Alpes-Côte d'Azur constate, dans un « état des lieux préliminaire sur les quartiers nord de Marseille », que ces habitants souffrent de problèmes psychologiques supérieurs à la moyenne. « D'après les acteurs de terrain, la souffrance psychosociale, c'est-à-dire inhérente aux conditions de vie, aux problèmes sociaux, est une problématique importante dans les quartiers nord », insiste l'état des lieux fait par l'ORS. En cause, la surconsommation des produits nocifs. « Le témoignage de professionnels de proximité [...] suggère que la consommation de substances psychoactives est problématique dans les quartiers nord, avec notamment des expérimentations précoces (alcool, cannabis) et la banalisation forte de la consommation de cannabis. » Il est certain qu'un petit guetteur de 13 ans, shooté à des quantités astronomiques de cannabis coupé aux anxiolytiques ou au goudron, met en danger son développement psychologique. De même, l'obésité s'impose comme un autre problème de santé majeur, que j'ai pu constater *in situ*. « Entre 2004 et 2008, une hausse importante de la proportion d'enfants en situation de surpoids ou obèses (5,1 % à 7,8 %) a été observée sur l'ensemble des quartiers nord de Marseille », précise toujours la même étude de l'ORS.

Ces abus correspondent forcément à une quête mal définie. Avant de faire quoi que ce soit, il faut toujours que les gamins les plus instables se dopent de sucre, au Coca, Mirinda, Selecto ou Sambo, aux bonbons divers et variés, au chocolat, aux gâteaux, bref qu'ils se remplissent avant de passer à l'action. Certains ne sont pas épais pour autant, plutôt sveltes même, secs, leurs muscles saillants travaillés uniquement pendant les séjours en prison. Les priver de Kinder et Fanta, c'est leur retirer le sucre aux effets excitants, leur couper les bras. Ils en deviennent intégristes de la malbouffe et opposent une sorte de résistance jouissive à l'injonction du vivre bien et à l'art de manger cinq fruits et légumes par jour. Ils ont conquis au moins une liberté, celle de manger de la merde et de se délecter de ses poisons. Du lisier répandu sur de mauvaises graines.

En 2001, les neuroscientifiques Nicole Avena et Bartley Hoebel ont démontré comment le neurotransmetteur de la satisfaction, la dopamine, se dérègle à en créer de la dépendance. Le même mécanisme que pour les autres toxicomanies, et pas compliqué à comprendre. Une consommation excessive de sucre provoque une hyperglycémie et entraîne une brutale augmentation du glucose dans le sang qui tourne un peu au caramel. Le pancréas sécrète alors une rafale d'insuline pour descendre tout ce sucre. Une hypoglycémie s'ensuit, qui met l'individu au tapis comme un uppercut dans le foie. Pour pallier cette baisse soudaine d'énergie, le corps réclame encore du sucre. Le cerveau a faim, ce qui provoque la dépendance et une consommation compulsive. Ces shoots de sucre évoquent un mal-être certain et entraînent des poussées de colère.

Cette violence mobilisable en un éclair permet aux enfants désireux de se faire respecter d'être craints même par de plus forts qui hésiteront à s'opposer à eux. On se construit avec les poings quand on veut devenir un voyou de cité. Et avant d'attaquer la coke et les amphétamines, on commence par le sucre. Mais toutes ces drogues n'ont aucun effet sur les balles. Quand elles touchent, généralement, ils meurent. Il y a toujours quelqu'un pour les pleurer, ces mômes qui tombent en jouant aux grands. Même les pires, même les vicelards, les « têtes brûlées » comme on les nomme dans les cités. Certains sont morts depuis notre rencontre et d'autres y passeront plus tard, probablement. Tous sont durs et enragés, à exprimer par les insultes un désarroi profond masqué en haine virile. Voici ce que j'entends sous leurs flots d'injures :

« Vous m'avez tant donné, n'est-ce pas ? On m'a laissé tant de chances. Tant de personnes se sont occupées de mon cas : des profs, des assistantes sociales, des éducateurs, des psychologues, des juges et tout l'arsenal de la bonne conscience poisseuse qui tartine les “cas” comme moi. Mais vous me laisserez penser qu’il n’y a rien de naturel à apprécier la bonté quand elle ne vous est pas destinée. Votre charité ne m’est pas destinée, je l’ai toujours su. On cache les monstres que l’on crée. Alors oui, je suis devenu de ces cramés qui ne prennent du plomb dans la tête qu’avec de puissantes détonations. Il en faut bien qui meurent, sinon qu’écriraient les journalistes, que raconteraient les politiques, que penseraient les gens, les honnêtes citoyens que les premiers veulent comme lecteurs et les seconds comme électeurs ? Je suis une arme politique, et on m’a fabriquée pour exploser au bon moment. Les armes ne sont pas faites pour aimer. »

VII

Peines perdues

« Terroristes des quartiers nord ».

L'inscription jaune coulant sur le mur d'une façade décrépite claque comme un avertissement tracé sous des volets crasseux et fermés, une gouttière arrachée pendouillant jusqu'au hall d'entrée tenu par deux chevelus en capuche, vautrés l'un en face de l'autre. Le premier, barbu et dodu ; le second, grand et voûté. Ils n'ont pas 18 ans. Apparemment, rien que du normal. Impossible d'imaginer que sur deux étages de cette tour centrale de la cité de Campagne-Lévêque, dans les quartiers nord de Marseille, une organisation criminelle a poussé depuis le printemps. Ces deux-là en sont à la fois les premiers gardiens et les plutôt sympathiques commerçants. Dans le dos du gros, une pancarte annonce au feutre effaçable : « Amnésia-culture locale », et décline, comme à l'entrée d'un magasin de thé, la liste des tarifs au *prorata* de la quantité demandée. Ici, dans des appartements installés sur deux étages, on cultive de l'herbe de cannabis pour une clientèle prête à payer plus cher pour ne plus fumer de shit, cette résine marocaine toujours plus coupée au goudron, au pneu, au henné ou au médicament, juste pour gagner quelques grammes, mais au final un gros bénéfice. Les dealers de ce réseau sont à l'écoute des clients exigeants sur la qualité. Des malfrats inventifs et entreprenants.

Pas question de franchir la porte du hall, si ce n'est pour acheter, en brandissant un billet ou deux comme on montre son passeport à la police aux frontières. Sans quoi, il est plus prudent de passer son chemin.

Arrivé sur son scooter, sans casque et la conduite agressive, Toufik, au grand sourire comme un croissant blanc, salue la compagnie, enchaînant les bises aux « potos ». « Ça va, mon frère ? » Toufik est un guide précieux qui se définit comme « un frère *muslim* », l'un de ces jeunes barbus en djellaba-baskets portant la main sur leur cœur, un joint toujours serré entre les doigts. « J'ai dealé longtemps ici, j'ai porté la sacoche, mais *wallah !* j'ai arrêté. » Toufik prend le ciel à témoin, comme si s'y nichait la preuve. Pour lui, désormais, c'est cinq prières par jour. Parfois plus, pour compenser un quotidien pas toujours très hallal.

Dans l'entrée, passé les boîtes aux lettres presque neuves, un premier aménagement. Mon guide explique : « C'est un trou dans le mur, un passage pour que les gens du troisième et au-dessus puissent monter par les escaliers de l'immeuble d'à côté, parce qu'ici les jeunes du réseau les bloquent. Au troisième, il y a le même trou. » C'est un mur porteur. Haussement d'épaules. Franchement, ici, « on s'en bat les couilles ». Si on oblige les voisins à faire un détour, c'est que le trésor à garder est important.

Deuxième aménagement, au premier étage : une porte blindée faite maison. Avec un volant, comme dans les sous-marins, ou dans ces vieux James Bond qu'aucun ici n'a jamais vus. « Les mecs qui taquinent en maçonnerie font les trous et les murs. Et là, y a un gadjo qui maîtrise bien le chalumeau. Il a fait ça, la porte en acier et la même au-dessus. » *Gadjo*, c'est du gitan ; pour nommer un mec, tout le Marseille populaire utilise ce terme.

Dans le couloir flotte une odeur de foin, en plus épicée. « Je ne sais pas combien il y a de pieds, mais ils cultivent ça dans les appartements », explique mon guide. « C'est du hors-sol, je crois, avec toutes les lampes et tout et tout. » Pas le temps de s'attarder : le grand voûté vient aux nouvelles. « *Wallah*, mon frère, c'est pas un flic, j'le connais. » Je récolterai la suite des informations plus tard et plus au nord, au snack tenu par Toufik.

« On a remarqué que les fumeurs, ils font pousser chez eux, pas parce qu'ils ont peur d'acheter dans les cités, mais parce qu'ils veulent de la bonne beuh. Alors, y a des gros malins qu'ont importé des graines de Hollande, de l'amnésia, l'une des plus fortes. Et maintenant, y font les paysans. » Toufik a l'accent de ces propriétaires de bars PMU du centre-ville. D'abord chantant, puis guttural à chaque fin de phrase, pour donner du poids aux banalités énoncées. Et s'il dit « on » en parlant des dealers, c'est juste parce qu'il discute cannabis avec ses potos, *« wallah »*.

Pour créer leur exploitation, les dealers-cultivateurs ont fait leurs études de botanistes autodidactes essentiellement sur internet en recueillant les conseils des fumeurs-planteurs. Pour un « charbonneur », passer de la main noire à la main verte, ça ne s'improvise pas. D'abord, il a fallu trouver le lieu. Une première tentative dans des caves a échoué. Discret, mais trop humide. La marchandise pourrissait. L'idée de cultiver sur les toits a été vite abandonnée, « à cause de l'odeur ». Jusqu'à ce que les « prospecteurs » du réseau dénichent quatre appartements, sur deux étages de cet immeuble de cité. Des lieux « presque totalement abandonnés ». Après avoir traité le *presque* à la barre de fer (des squatters) a débuté le premier investissement dans l'achat du matériel de culture. L'équipement de l'« exploitation » comprend des lampes haute pression natrium réparties sur environ 400 mètres carrés. Il a aussi fallu régler le positionnement des ventilateurs, pour l'aération des pièces, s'occuper de l'imperméabilisation du sol, peindre les murs en blanc, puis calfeutrer le tout.

Un ensemble de compétences et de savoir-faire montrant un esprit d'entreprise bien mal employé, que les entrepreneurs et investisseurs légaux peinent pourtant à déceler dans ces quartiers devenus des fabriques de sans-emploi et de talents gâchés.

Toufik, lui, a su créer son affaire : un snack ouvert « avec l'argent du shit en grande partie », concède-t-il en avalant au goulot une bouteille de thé glacé à la pêche premier prix. Cinq mille euros auront suffi pour se lancer avec un « collègue » – un autre « frère *muslim* ». Ses projets d'avenir ? « Investir dans de l'immobilier pas cher, rénover, puis louer. » Les bâtiments défraîchis ne manquent pas dans les noyaux villageois des quartiers nord. Toufik connaît de bons bricoleurs et sait où trouver les clients. Ça, c'est son truc. Alors, pourquoi pas ? *« Inch'Allah. »*

*

Dans la cité des Oliviers, la grosse roue arrière avec une bécane de cross sur vingt mètres plein gaz devant des spectateurs hirsutes et hilares donne autant de joie que de dioxyde de carbone, dans l'atmosphère poudreuse d'une fin d'après-midi. Le pilote a le look de tous ces gamins dégourdis, obsessionnels du deux-roues. Cheveux longs lissés puis plaqués et maintenus avec un catogan, verbe haut et vulgarité ludique, gestes maîtrisés, lunettes de soleil d'aviateur, baskets Nike et survêtement Adidas, mais, par-dessus, une djellaba grise. Sans oublier la barbe de prophète. Les « djellaba-baskets » ont brutalement apparus en 2012 et ont fait, depuis, un petit nombre d'adeptes, bien visibles, de ces types qui se tournent vers La Mecque autant pour pisser que pour prier. « Il y a les sincères, ceux qui ont trouvé la voie d'Allah », commente un flic, un connaisseur. « Mais il y a surtout ceux qui profitent là d'une sorte d'alibi à leurs vies d'embrouilles. » Pour ceux-là, l'islam n'est qu'un prétexte.

Devant une tasse de thé, dans sa cité de la Simiane, Yamina Benchenni, militante de toujours, fait elle le constat que les combats se sont déplacés des grands idéaux vers une recherche d'identité plus personnelle. Une mutation du T-shirt Che Guevara à la djellaba-baskets. « Les gens dans les quartiers ne savent pas comment les aborder, déplore-t-elle. Il y a trois types de jeunes qui se tournent vers l'islam après une période agitée : les premiers sont sincères, trouvent là une voie et une raison d'être, ils se sortent ainsi de toutes les violences sociales et psychologiques qu'ils subissent depuis toujours, ont l'impression de dépasser cela, et prient cinq fois par jour sans déranger personne. Ensuite, il y a les deuxièmes qui se rachètent une réputation auprès des gens des quartiers en affichant une foi pas toujours très sincère. Enfin, les troisièmes se servent de cette apparence pour trafiquer plus que jamais en trompant tout le monde. Les gens se disent :

“Oui, il touche à la drogue, il vend, mais il est sur la bonne voie, et Allah va le ramener dans le droit chemin.” Et puis il y a ceux qui pensent même que la police ne les soupçonnera pas de trafiquer. Si ça a marché un temps, je pense que les flics ont compris désormais. »

Yamina s'inquiète plus du manque persistant d'égalité sur le territoire national que de cette quête d'identité pour exister, de sens pour envisager l'avenir, ou de recherche de couverture pour magouiller tranquillement sous couvert de radicalisation. « Aujourd'hui comme hier, l'égalité pour tous n'est toujours pas en ligne de mire. » Or Yamina Benchenni a lutté pour cet idéal-là. Elle est de ces Marseillaises d'origine immigrée qui se sont intégrées par le militantisme.

Le 18 octobre 1980, près de la cité des Flamants, un CRS abattait Lahouari Ben Mohamed pour écoper un peu plus tard de seulement dix-huit mois de prison avec sursis. Ce procès d'un meurtre raciste constitua l'un des événements à l'origine, en 1983, de la grande Marche pour l'égalité et contre le racisme, de Marseille à Paris. Pour autant, la fibre militante des marcheurs et marcheuses n'avait pas été spontanée. À l'image de Yamina Benchenni, l'une des plus actives parmi les Marseillaises et Marseillais ayant marché vers Paris à l'époque. Trente ans plus tard, pleinement engagée, elle plaide toujours pour réclamer encore et encore ce qui n'est toujours pas acquis, « l'égalité et la justice pour tous ». D'origine algérienne, elle se revendique depuis toujours « Française sans renier [sa] culture ». En 1983, elle ose défiler à Paris avec ses amies, toutes habillées de leur trousseau de mariage. À la clé, un double message : l'hommage à ses origines, évident ; et, plus subtil, quelque chose à l'attention de sa mère.

« Quand ma mère a vu que l'on portait le trousseau, elle m'a prévenue que je ne pourrais plus me marier avec, ce que justement nous souhaitions toutes. » La lutte contre les mariages forcés, ferment du premier militantisme, le féminisme. Plus tard, la mort violente de certains de ses proches en fera une antiraciste farouche. Parmi eux, son oncle Slimane, assassiné en 1972 à Narbonne d'une balle visant, depuis un balcon, une voiture occupée par trois Arabes et un Noir. « Il n'est pas mort tout de suite, et quand la police l'a récupéré, ils ont d'abord noté sur le PV "Personne en état d'ébriété", alors qu'il avait une balle dans la tête. »

Mais le militantisme de Yamina vient d'encore plus loin, des racines de l'histoire familiale, celle des Benchenni, nés sur la terre d'Algérie. Son père, dépossédé de sa terre par un colon, un certain M. Albert, s'est engagé dans l'armée française pendant la Seconde Guerre mondiale. En 1945, il libère Les Goudes, à Marseille, et monte à Verdun pour aider à reconquérir la France. Celle-là l'envoie ensuite en Indochine, d'où le soldat revient vivant mais usé. Sans scrupules, M. Albert lui revend sa propre terre sur laquelle il construit une maison pour ses jeunes frères, dont il est en charge depuis la mort de ses parents. Francophone, doté du permis de conduire, il revient naturellement en France où le pays a besoin de main-d'œuvre. En 1958, il débarque à Cannes, seul, et devient jardinier municipal. « Il avait rencontré un résistant communiste pendant la guerre, qui lui avait conseillé de rester en France, et c'est cet homme-là qui a payé le voyage jusqu'ici pour ma mère et ses cinq enfants », explique Yamina, qui naîtra deux ans plus tard, non loin de la Croisette. En 1969, la famille déménage à Marseille.

Enfin, déménage… s'installe dans le grand bidonville de Saint-Barthélemy, « sous des taules, les pieds dans la boue ». Puis, six mois plus tard, elle intègre un minuscule appartement de la cité de transit Bassens. Trente-cinq ans de transit.

Commence alors une vie faite de solidarités et de galères, avec, au milieu des années 1970, la peur des ratonnades et la pression de la tradition, comme celle du mariage. « Dans mon immeuble, la fille du quatrième étage a été jetée dans les bras d'un voisin du premier. On les a mariés, ils ont fait un tour dans la cité et sont revenus vivre tous les deux au premier. Ça, jamais ! » Six mois par an, les parents rentraient au pays pour y construire, de leurs mains, une maison, la leur. Un retour inconcevable pour Yamina et ses sœurs. « Ça n'aurait pas pu être un retour, car nous sommes d'ici. »

Devenue éducatrice aux Flamants, Yamina loue avec ses sœurs un plus grand appartement à Bassens, où les fêtes virent au forum militant. « On y a fait notre Mai 68. » Une génération de femmes, « une trentaine » qui se battent, s'assument, s'émancipent.

Yamina, née sur le territoire national, a aussi lutté pour obtenir la nationalité française, pour en finir avec cette idée qu'« un émigré engendre un émigré ». Elle lutte encore contre les expulsions décidées par la seule préfecture de police. Autant de revendications qui aboutissaient à la marche de 1983, puis à la naissance de SOS Racisme en 1985. Les choses n'ont pas évolué comme elle l'avait rêvé. « Ce qui devait être un processus de politisation a été cassé, on a réduit une prise de conscience politique de classe à une protection du bon petit beur avec "Touche pas à mon pote". »

Le résultat est là. Trente ans plus tard, le Front national n'en finit pas de s'imposer dans les idées et sur le terrain, et les jeunes ne votent pas. Ceux qui le font ont parfois l'impression que l'on devient français en repoussant le dernier immigré arrivé. L'intégration par le racisme.

« Mon fils a 27 ans et ne vote pas. »

Un matin, plutôt à l'aube, juste après l'heure légale, on a cogné à sa porte, comme le font les flics, trois coups vifs et perçants, répétés toutes les cinq secondes. Yamina m'a montré comment frapper à la porte d'une cité, pour n'être pas confondu avec les policiers. On laisse glisser ses doigts pour n'affoler personne. On le fait lentement, de manière feutrée, « comme un chat ». Ce matin-là, ce sont bien les flics. L'immeuble est bloqué par des types de la brigade des stups assistés de CRS, et plusieurs appartements sont visités, le sien et ceux des amis de son fils. « J'ai ouvert et j'ai compris, se souvient Yamina. Les policiers étaient très tendus, j'ai donc proposé d'entrer en premier dans la chambre de mon fils. » Ils craignaient qu'il soit armé, elle craignait la bavure, et lui ne craignait rien, profondément endormi. Yamina s'implique dans la perquisition. « Fouillez là aussi… Vous oubliez ici. » S'il a fauté, elle veut qu'il soit sanctionné, s'il n'a rien fait, elle veut que cela soit reconnu. La justice a reproché à son fils d'avoir aidé le réseau de stups du coin et en a fait un complice en lui infligeant un an de prison avec sursis. Yamina n'ignorait pas que son fiston fumait beaucoup de cannabis.

« Et évidemment, ces jeunes, ils consomment avec des gens qui vendent, qui font partie de leur environnement familial, social, affectif, culturel… Dans ma jeunesse, il y avait une génération d'héroïnomanes, et eux, tu peux essayer de les soigner. Il y avait des actions pour ça, je m'étais beaucoup impliquée, c'était ma spécialité. Mais avec le cannabis, comment on fait ? Pour la justice, tu es dedans ou dehors. À partir du moment où tu fumes, tu es sanctionné comme si tu étais un dealer. Le consommateur n'intéresse pas en tant que tel, même s'il y a une dépendance, il y a un mal-être. Pourtant on peut soigner. La règle aujourd'hui, c'est la sanction. Or, les gros caïds, ils les prennent, mais d'autres reviennent. Comme ils ne prouvent pas qui fait réellement quoi, tout le monde prend un peu, on met du sursis pour ne pas remplir des prisons déjà pleines à ras bord, mais ça ne solutionne rien. Dans les quartiers, ça met plus de distance encore vis-à-vis de la police et de la justice, et on n'est plus prêt à collaborer. Il faut monter des collectifs de soins, montrer que le consommateur n'est pas trafiquant. Je ne m'explique pas complètement pourquoi des jeunes comme mon fils tombent à ce point dans la consommation de cannabis, dans la toxicomanie. Ma fille est éducatrice spécialisée, comme ma sœur, et mon frère est agent de développement. Tous dans le social. »

Son fils, quand on le croise, on a l'impression que toute sa jeunesse s'est jetée dans un canal. Il ne lui reste que de la désillusion qui prend la forme de l'apathie. Quand on le voit, comme moi, quatre fois par an, un coup il est gros, un coup il est mince, il travaille un peu ou végète totalement. Il s'excuserait presque de venir serrer la main, comme s'il allait salir celui qui a un métier en face de lui. Son père, Pierre Godard, le mari de Yamina, est un intellectuel assez connu à Marseille. Syndicaliste de longue date, il fut le premier à décrire le clientélisme du syndicat Force ouvrière et sa mainmise sur les employés territoriaux.

Un concentré de militantisme, entre père et mère, qui n'empêche pas le garçon de se sentir totalement abandonné par la société. Dans les cités, ils sont bien plus nombreux à être désespérés que petits ou grands délinquants. Yamina aimerait comprendre.

« Ils sont dans un état psychique de souffrance... Ils pensent que l'abandon a été consommé, ils ne se battent plus. Moi, je sais d'où je viens. Quand on est arrivé à Bassens, je croyais qu'on était en camping, que ce serait provisoire. Un temps de vacances. Ces vacances, elles ont duré trente ans ! C'était pour moi une arnaque, pas un abandon, la société a arnaqué mon père, pas moi. Et nous on a compris qu'il fallait faire sa place et que ça ne serait pas facile. Alors je me suis battue. Alors que mon fils, lui, qu'il se batte comme ci ou comme ça, le résultat, c'est qu'il n'aura pas sa place, nulle part. C'est du désespoir, et là, c'est du soin qu'il faut en première réponse.

» Comment vivre dans un environnement dans lequel celui qui a du travail est différent, tellement c'est rare. Celui qui pense est différent, tant la plupart des gens se laissent dominer par leur léthargie ; celui qui va voter devient différent, tant il est minoritaire. Et ces quelques différents deviennent incongrus, parce que la majorité des gens ici pensent que la société les a largués. Sa rage destructrice, il la retourne contre lui-même. Les consommateurs sont au chômage, appauvris culturellement, désespérés par le politique, alors certains vont projeter leur haine dans le shit et d'autres dans ce cri : *"Allahou Akbar"*. Potentiellement, ils sont tous trafiquants ou futurs trafiquants, même s'ils ne sont que de gros fumeurs. Il y a l'environnement, la culture. Je comprends qu'il aille avec ses copains, et donc il fume, la cigarette puis le joint. Ça ressemble à un réseau, et on les considère tous comme des trafiquants. La prison, c'est pire. Mais il ne sort plus de chez nous. La gardienne des Baumettes, c'est moi… À la maison, c'est moi… Je le garde en autofinancement. Il a ses neuf mètres carrés, son repas, sa douche et le parloir avec son père, parce qu'avec moi le dialogue est impossible, je suis son antithèse. Il a eu une enfance heureuse, il a fait des études. Je suis son problème parce que je suis l'inverse de lui. Je viens de rien et je travaille depuis trente ans dans le social. Lui, il avait quelque chose, et il ne réussit pas. »

La première fois que je suis allé à la cité Bassens, pendouillaient des arbres de drôles de fruits sanguinolents, des moutons fraîchement égorgés attachés par les pattes arrière, oscillant au passage des enfants qui, autour, jouaient au foot ou à faire semblant de se tirer dessus. C'était la fête du sacrifice, c'était l'Aïd al-Adha, et la terre était rouge. À l'époque, en 2007, les frères Laribi s'en foutaient qu'on passe sur leur territoire. Medhi Laribi, tout juste ado, ne s'était pas encore réellement fait dealer et son frère Mohamed, le fameux Lamine, travaillait encore son personnage, pas encore trop méchant.

Ensuite, pour retourner là-bas, il fallait toujours être accompagné, avec une bonne raison de s'y rendre. En 2011, une famille qui s'était procuré mon portable, sans que je sache comment, m'avait appelé après avoir filmé une violence policière. Dans cette période, les flics, poussés par un préfet nerveux comme quelqu'un ayant quelque chose à se reprocher, coursaient quotidiennement les petits guetteurs jusque dans les halls d'immeubles. Mais comme ils les perdaient toujours, les gamins se répartissant dans les appartements, certains policiers, toujours les mêmes, jetaient des grenades lacrymogènes dans la cage d'escalier. Personne, par fierté, par bravade, n'ouvrait les fenêtres pour dissiper les fumées nocives. Or, il y a toujours des bébés dans les cités. Alors, ce jour-là, les policiers s'en étaient pris à des habitants non-trafiquants se contentant de vivre leur vie dans les allées de la cité. La vidéo prise d'une fenêtre montrait, de loin, de petits bonshommes, bras levés en reddition à l'arrivée de petits policiers en cuirasse. On voyait comment les coups gratuits tombaient sur les mômes isolés. Le cousin de celui qui me montrait la vidéo sur le portable avait un très gros nez, bien cassé, devenu perpendiculaire à son axe.

Déjà dans son enfance, Yamina assistait à ces descentes de flics venus à deux ou trois fourgons pour un affrontement inéluctable. « Ils parlaient souvent arabe, c'était des pieds-noirs de l'Algérie, certains nous détestaient. » Bassens avait absorbé beaucoup d'habitants du bidonville des Treize-Coins, lui-même issu en contrebas d'un camp de gitans auquel s'étaient joints les immigrés les plus précaires, nouvellement arrivés du Maghreb et de l'Espagne franquiste. Tous ceux-là inspiraient d'emblée la méfiance et ne bénéficiaient pas des aides plus ou moins organisées ou de projets d'habitations collectives, comme les maisons dites « Castor » construites, juste en face, par les habitants eux-mêmes. Les porteurs de ces projets étaient toujours des Français, souvent pieds-noirs ou anciens immigrés d'Italie ou d'Espagne. Européens, en tout cas, et dont l'immigration, même si elle s'était faite dans la douleur, trouvait là un aboutissement. S'y regroupaient principalement des sinistrés du Vieux-Port, des fonctionnaires déplacés, des familles nombreuses et des prisonniers de guerre. Les derniers arrivants, aux visages nouveaux, aux vêtements de misère et aux méthodes de survie, ne parvenaient à caser leur pauvreté répulsive que là où personne ne songeait à les en arracher.

Dans les années 1960, les autorités, tant municipales que préfectorales, testaient une méthode très particulière pour jauger la capacité des habitants à s'intégrer dans la cité de transit. « Il faut laisser les gens dedans et les étudier. Dès qu'ils se tiennent bien, on les met en HLM. Une fois en HLM, s'ils ne se tiennent pas bien, on les remet en cité de transit à titre de sanction. » L'architecte de Bassens voyait donc ses constructions comme un purgatoire… Sur le papier, les politiques publiques d'adaptation à la vie moderne, à destination des habitants des cités d'urgence, prévoyaient un accompagnement social pour aider à l'intégration des populations immigrées. Dans la cité Bassens, cette mission avait été déléguée à l'ATOM, l'Aide aux travailleurs d'outre-mer. Cette agence éditait une sorte de bible de l'intégration. Mais à la longue, une ségrégation impitoyable s'installa. Ne restaient dans la cité que ceux qui ne parvenaient pas ou n'essayaient pas de répondre aux exigences de bonne intégration de l'ATOM. Ce qui cantonna les habitants de Bassens dans leur condition de « pourriture de la pourriture ». La formule est de Yamina, prononcée en arabe. Alors, ils n'ont pas eu d'autre choix que de s'y enraciner.

Les Laribi habitaient dans le même immeuble que Yamina. Eux sont des soufis du Sahara, des *jouatanes*, des gitans arabes, très pauvres, habitués aux grands espaces, donc à la liberté, et essayant tout pour survivre. Pour eux, Bassens n'était qu'un minuscule désert. « Le choix qui s'offrait à toi à l'époque, c'était : vol, drogue, alcool, mariage ou politique. Moi, ça a été la prise de conscience militante, avec le passage dans la cité des anars, des maos et des révos », insiste Yamina. Chez ses voisins Laribi, certains n'avaient comme principal souci que de trouver la bonne veine. Alors on a compté les morts du sida, ceux de l'alcool. Pour les survivants, la prison, puis des mariages, beaucoup de mariages, avec une famille en reconstitution permanente pour parvenir à trouver la bonne dot. Car, autour, les usines commençaient à fermer. « Les premiers licenciés de la Générale sucrière, d'Haribo, c'était nous, la cagette arabe. La culture de la lutte, on l'avait prise. Et puis on a tout fait pour m'éloigner de la France. Des politiques d'accompagnement au retour, la loi Stoléru en 1977, aux hésitations de mon père avec qui on est rentrés deux ans dans un pays qui n'était pas le mien. Je suis revenue. J'ai alors rejeté les modèles français et algérien pour me construire mon propre modèle d'implantation française. Mon fils n'est plus là-dedans. Comme un enfant de bourgeois qui aurait un problème existentiel, parce qu'il n'a jamais travaillé. Il n'a pas connu un tel écartèlement. »

*

Au fond de Bassens, on découvre le fantôme d'une école identifiable grâce à deux colonnes rayées comme des Buren et colorées comme un Mondrian. Au sol, des monticules d'objets noirâtres, brûlés, fondus, servaient de jeux à quelques gamins en quête d'aventure dans l'endroit le plus sale de la cité, le plus maudit, le plus interdit… bref, le plus marrant. À cet endroit, plusieurs personnes ont été abattues d'une balle dans la tête par des concurrents qui sont allés, loin de là, brûler leur corps dans une voiture.

Il n'y a pas que l'école qui soit maudite. Le mur aussi. Celui qui sépare la cité de la voie ferrée. Une plaque dit tout : « 1963-1976. À la mémoire des 11 enfants de notre cité victimes de l'incompréhension de la société. Ils ont payé de leur vie l'absence de ce mur de protection réclamé pendant 13 ans cité Bassens ». Les gosses traversaient là pour aller jouer dans le terrain en face, pour se rendre au centre social, pour rapporter les bonbonnes de gaz des cuisinières. En 2016, ils enjambent les voies par un pont de fer et, de là, découvrent une partie des ordures ménagères de Marseille, stockées dans des trains à l'arrêt au soleil. Pour lutter contre la puanteur, on répand de l'essence de citron, chimique. D'autres murs enserrent la cité, à la demande des responsables de la zone industrielle et de la copropriété Servières toute proche. Les quelque neuf cents entreprises qui entourent Bassens n'offrent aucun emploi à ses habitants, mais, en revanche, de nombreux clients matinaux pour son réseau de stups. Un monde enclavé, de la misère à gogo, des clients pas regardants, une autoroute toute proche, comment Bassens pourrait-elle être autre chose qu'un des plus gros réseaux de la ville, là, collée à la caserne centrale des sapeurs-pompiers et juste en face du commissariat des quartiers nord ?

La zone. Une zone. Zone franche urbaine, zone urbaine sensible, zone d'éducation prioritaire, zone de sécurité prioritaire, zone à urbaniser en priorité. « On est des zonards », résume lucidement Shéhérazade

Ben Messaoud, présidente de l'association Made in Bassens. Et dans ces zones, il faut se battre pour obtenir la moindre chose. « C'est se faire remarquer, le militantisme, c'est dire à l'autre "Tu vois, on est là." » Désormais, le zonage, revu et simplifié en une seule carte, prend une seule dénomination, celle de « quartiers prioritaires ».

L'association en fait un livre, *Bassens, chronique d'une cité particulière*, qui raconte une histoire collective, les négociations, les solidarités, les tensions, les aménagements, les incohérences urbaines, les revendications, les organisations, les agressions, tout ce qui a généré lentement des militants, des politiques, des citoyens, malgré l'omniprésence de l'alcool, de la toxicomanie et des voyous. Sans le courage, l'optimisme et l'obstination de gens comme Shéhérazade et ceux de Made in Bassens, la cité se serait définitivement repliée sur elle-même. Ils ont percé des portes et des fenêtres dans les murs du ghetto.

Kader, flingué devant le Campanile, venait rêver à Bassens d'un drive-in de la drogue pour y devenir le boss d'un réseau en place. Le fils de Yamina, du même âge que lui, le fréquentait au collège. Et Yamina aide désormais Souad, la mère éplorée, dans ses démarches administratives et judiciaires. C'est un petit monde, le monde des cités. Un monde rempli de maîtres autoproclamés, mais aux règnes souvent bien courts. Un monde où l'entraide demeure, tel un instinct de survie, pour compenser un peu tout ce qui manque par ailleurs.

*

Souad, depuis la mort de son mari, connaît un malheur quotidien. Le désespoir ne se rétracte jamais. Jamais. Elle est épuisée par ces absences irremplaçables. Ses deux hommes morts. Mais elle est aussi fatiguée de leur présence constante dans son quotidien, dans sa tête, sur ses murs, dans les regards de ses voisins. Sa télé demeure allumée en permanence, dans l'espoir d'y apprendre la résolution de ce double meurtre qui a aussi fauché sa vie. Souad, lardée de lésions sociales d'où suintent désespoir et colère, ne bénéficie d'aucune aide contre les montagnes de troubles dressées devant elle. Aucune aide cohérente en tout cas. C'est qu'il en faut du savoir-faire pour se dégager des embrouilles quand elles s'entremêlent pour ne plus en faire qu'une.

Après la mort de Nadir, plus personne ne remboursait les traites des nombreux crédits contractés un an plus tôt par le couple pour s'extirper du décès de leur fils. Très vite, Souad s'est retrouvée surendettée à ne plus pouvoir payer les factures, à se voir plongée dans le noir avec ses quatre enfants restants. Son dossier de surendettement s'est constitué dans les larmes, mais a finalement abouti, et elle a pu respirer à nouveau. Elle a même gagné un procès contre la ville de Marseille pour avoir vécu pendant plus de trente ans dans les murs amiantés du Vieux-Moulin. Son mari n'a pas eu la chance d'en crever. On lui a octroyé 5 000 euros de dédommagement. Pas plus. Ce que vaut un pauvre. Et puis avec tous ces malheurs endurés, allez donc faire la part des choses entre l'amiante, le stress et les autres bonnes raisons d'être malade. Alors, le facteur amiante là-dedans…

Elle n'a toujours pas été relogée non plus. Souad et ses gosses, Celia, Zohra, Sammy, Mehdi, vivent toujours dans la maison en bordure d'autoroute. La construction se fendille au fil des travaux, à grands coups d'explosions, de la L2 non loin de là. La L2, c'est la rocade qu'attend Marseille depuis plus de quarante ans, véritable serpent de mer administratif, relancé par le premier gouvernement de François Hollande après une vague de règlements de comptes. Les pouvoirs publics ont réalisé qu'il serait peut-être temps de désenclaver plusieurs quartiers de la ville. D'une certaine manière, Kader et Nadir y auront un peu contribué.

Durant l'hiver 2014-2015, Souad a même reçu de son bailleur, Habitat Marseille Provence, un satellite de la ville de Marseille, un avis d'expulsion, sa maison se trouvant sur le tracé de la L2. Elle l'a ignoré. On lui proposait d'aller vivre dans d'autres cités, de celles où vivent sans doute les familles des assassins des siens. Souad refuse ces perspectives. Son quartier est un champ de bataille dont elle connaît chaque piège, chaque recoin. C'en est presque rassurant. Partir reviendra à se jeter dans une autre gueule. Elle veut bien la choisir. Une de ses filles a été frappée et dépouillée, « parce qu'elle ressemble à Kader », lui a expliqué l'agresseur. Medhi, le petit dernier, du haut de ses 12 ans, est aussi gentil que bagarreur. « Pour le moment, l'école, ça va, mais après c'est le collège. » Et Souad voit en lui un autre Kader, « c'est un diable ». Mais celui qui l'inquiète le plus, c'est Sammy. À 17 ans, l'ado vit très mal de s'être retrouvé brutalement l'homme de la famille. Il avait 11 ans quand son père s'est fait descendre à la kalachnikov, et, à l'école, des gamins se sont bien chargés de lui relater tous les détails morbides que sa mère lui cachait. Par cruauté, comme la torture d'une limace saupoudrée de sel. Il ne parvenait déjà pas à se remettre de l'assassinat de son frère et voyait son père effondré devant le bouquet de fleurs déposé près du Campanile. À la mort de Nadir, un juge a décidé de son placement dans un service départemental de l'aide sociale à l'enfance. Le voilà donc dans un foyer d'urgence à Salon-de-Provence, au début pour quinze jours maximum. En fait, il y restera neuf mois, le temps de côtoyer des gamins difficiles bardés de casiers judiciaires, « lui qui sortait d'un massacre », se lamente sa mère. Sammy ne s'y endurcit pas, il s'y recroqueville, refusant en quelque sorte de grandir. Sa naïveté le sauverait presque. Accueilli depuis cinq ans dans une famille d'accueil de Forcalquier, il ne fréquente pas l'école, jardine un peu, végète beaucoup et s'embrouille régulièrement avec les autres jeunes, plus durs que lui. Le week-end, il revient chez sa mère qu'il bombarde de reproches : « Maman tu m'as jeté, je suis un bâtard pour toi », « Tu as tué Papa. » Pour lui, c'est la triple peine : mort du frère, puis du père, puis éloignement de sa mère. Sur un coup de colère, il a froissé la carrosserie de la voiture de Souad. Elle reste pourtant l'une des rares personnes en qui il ait un peu confiance, et il ne comprend pas pourquoi elle ne le sort pas de son malheur. Mais à la fin, elle s'est tant battue que l'aide sociale à l'enfance a autorisé Sammy à rester auprès d'elle pendant l'été. Après, rien n'est sûr. L'ado ne comprend pas. On lui demande de se projeter dans le futur tout en érigeant un mur devant lui.

Sammy a le niveau CE1, au mieux. À 17 ans. Il joue parfaitement à *Subway Surfers*, un jeu sur téléphone où un petit voyou doit échapper à la police. Sammy fume des clopes mais pas de shit. Il joue les durs, seul dans la chambre des enfants, mais devient tout timide quand je le surprends. Il m'écoute comme un tonton moralisateur, de son regard vide et son petit sourire qui semble dire : « Cause toujours. » Pour lui, un journaliste, c'est un nanti.

Un jour, j'ai accompagné Souad chez l'assistante sociale et la psychologue en charge de Sammy. L'incompréhension est totale. L'absence de réponse à des problèmes simples est abyssale. Le vocabulaire administratif est inadéquat. Le mal-être familial soigneusement ignoré. Écarté même. Si Freud, Dolto et Cyrulnik sont bien autour de la table, ce sont des personnages kafkaïens qui mènent le débat. L'aide sociale est devenue une bureaucratie désincarnée, plus aux ordres des institutions et des lignes budgétaires qu'au chevet des réalités sociales et des misères quotidiennes. Mais personne ne se sentira coupable ni même responsable des malheurs qui en découleront. J'ai évoqué cette situation avec différents préfets, des élus, des commissaires, des responsables associatifs, et ils en conviennent tous, la situation est anormale. Puis ils changent de sujet.

Souad se débat seule pour tracer un avenir à Sammy. Elle se débat seule pour faire avancer les enquêtes judiciaires. Elle se débat seule pour obtenir d'être relogée décemment. Elle lutte quotidiennement pour habiller ses enfants, pour les nourrir, pour qu'ils aient quelques loisirs. Et les gamins ne sont pas toujours faciles. Elle s'épuise. « J'ai plus de voix tellement ils me font crier. J'ai plus de voix. » Une chape d'indifférence écrase Souad. « C'est impossible de vivre comme ça, c'est plus possible, je vois que la mort devant moi. » Elle espérait bénéficier de l'aide aux victimes, « au moins pour mes enfants, ils n'y sont pour rien eux ». Refusée. En appel, comme en cassation. La justice a considéré que Kader et Nadir avaient du sang sur les mains, ce qui expliquait leur sort de trucidés. Cette même justice qui n'a pas avancé d'un millimètre dans la résolution des deux homicides en question. Leurs meurtres n'ont pas été jugés, mais Kader et Nadir sont coupables d'avoir été tués, et c'est la famille qui en porte la condamnation.

« Ils nous poussent au pire. Moi, je veux pas que mon fils, il finisse comme Merah. Sammy, je veux qu'il mette la main au travail et un peu de sous dans sa poche. De l'argent propre, un travail qu'il a transpiré, lui. »

Souad est dans un trou avec les siens, et d'en haut, des ombres lui demandent si ça n'est pas trop profond.

VIII

Précieuse misère

« Nous, on ne nous propose que des postes de médiateurs, d'éducateurs ou d'agents de sécurité... Alors on se démerde là-dedans pour se créer une trajectoire ascendante, sans pour autant renier d'où l'on vient. Moi, j'ai atteint un niveau de vie qui m'était interdit, inaccessible, et en même temps, j'aide les gens des quartiers à vivre un peu mieux. »

Karim a le don de toujours retomber sur ses pattes. Déjà, au lycée, il arrivait à s'intégrer dans tous les groupes : celui des footeux, alors qu'il n'a jamais cadré un tir ; celui des musiciens, même si on ne pouvait chanter plus faux ; celui des *gamers*, même s'il ne faisait pas la différence entre un Amiga et un Atari ; et celui des fumeurs de shit, même s'il n'avait jamais tiré sur un joint de sa vie. Karim n'est pas son nom mais celui qu'il m'a proposé à la place du sien. Et Karim insiste bien pour que je ne paye rien quand on va au McDo de Sainte-Marthe. On nous sert et on va s'asseoir sans lâcher un centime. « Cherche pas à comprendre. » Les agents de sécurité viennent lui faire la bise comme s'il était un champion de ballon et les trois quarts des gens du coin le saluent d'un mouvement de tête. « Ho ! Pujol ! Tu as vu depuis le lycée comme je m'en suis bien sorti... Regarde. » Il montre son Audi A6, noir métallisé, toit ouvrant et jantes alliage. « Tu as pris une voiture de dealer, dis-moi… » Il sourit. « J'y ai jamais touché, moi, tu as vu comme il a fini mon frère… Dès qu'il est tombé dedans, on n'a rien pu faire pour lui. » Le frère a pris plusieurs années de prison puis, en sortant, plusieurs balles. « *Game over…* », grogne-t-il d'une voix métallique. Karim se rappelle que j'étais un gros consommateur de jeux vidéo. Sa mémoire, son meilleur atout. Depuis vingt ans, on s'est toujours parlé sans manières. Je lui demande : « Et tu es maqué avec qui ? » Réponse immédiate : « Avec Samia, maintenant qu'ils ont dézingué Sylvie, c'était pas bon de rester avec… » Comme j'ai la bouche pleine d'un Big Mac, Karim doit penser que je me tais pour en savoir plus. « Et franchement, je ne perds pas au change, elle m'a donné une bonne mission, mes assos font le job, j'aide des minots à ne pas tomber dans les trafics, je leur fais faire du slam, du rap, du soutien scolaire… On fait ça bien, et elle nous subventionne grassement, et tout le monde travaille pour elle, soit pour nuire à ses concurrents, soit pour rassembler des voix à chaque élection, on y gagne tous. » Un jus d'orange plus tard, je parviens à en placer une : « Tous… ouais ?… Pas vraiment, comme chaque élu fait ça, il y a un pognon immense qui est lâché un peu partout ; pas du saupoudrage, du noyage. Du fric, il y en a, mais avec une déperdition incroyable ; des associations qui se concurrencent, qui se disputent des minots en fonction de ce qu'ils rapportent comme aide par le conseil général, la Ville ou le conseil régional. Eux, après, ils n'y comprennent plus rien. Sans parler de la mentalité de beaucoup de gens ensuite, pour qui tout se paye, tout se monnaye, surtout leur vote. » Me voilà fier comme le vainqueur d'un débat télé. En finissant sa bouchée, il me balance une gentille claque sur l'épaule. « T'as raison, mais toi, tu es bien Français, tu n'habites plus les quartiers populaires, tu as des diplômes… » Je saisis la balle au bond : « … mais j'ai moins de fric que toi. » Les mains croisées derrière la tête, il lâche dans un rictus : « T'en as pas besoin pour exister, toi, du fric… nous, ouais… Pour plus être le bon petit Arabe comme nos parents. L'apparat, mon gars, l'apparat… »

D'un signe de tête vers un miroir, il désigne une fille : « Regarde-la, elle… Tu y comprends quelque chose ? » Une vingtaine d'années, une silhouette parfaite dans un jean trop petit, des dentelles qui dépassent, un joli ventre apparent et, écrit sur son T-shirt, bien court et légèrement déformé par une poitrine bien ronde, le mot *Perfect*. À cheval sur son petit copain, elle tourne à droite et à gauche sa belle petite gueule encadrée par un voile islamique aussi incohérent qu'esthétique. Ses yeux bleus soutiennent les regards jusqu'à ce qu'ils se détournent. Je n'y coupe pas. « De la pure provocation, non ? » C'est ma réponse comme pour justifier ma gêne. Karim hausse les épaules. « L'apparat, mon gars, l'apparat… Elle, c'est une fille de réseau, sa carrière est courte et elle se positionne déjà en fille d'intérieur. Ça plaît aux mecs comme celui qui est sous elle, un dealer de Font-Vert. Elle le larguera quand il ira en taule. Et elle, elle aura une vie de merde quand elle sera moins belle. Alors elle profite. Une de mes assos pour les femmes essaye de récupérer ces filles, de leur donner d'autres perspectives et envie d'aller de l'avant autrement qu'en jouant les putes des dealers, par l'insertion professionnelle, vers le monde du prêt-à-porter, de la parfumerie, de la beauté. On prend du blé pour ça, plus que réellement nécessaire, mais on le fait vraiment, et ça marche un peu quand même. » Il dit vrai.

C'est bien beau de jouer les donneurs de leçons, comme je l'ai fait tant de fois dans des articles sur le clientélisme. Mais sans alternative pousse la pire des mauvaises herbes, celle de la misère et de son corollaire, la délinquance, pour tenter d'en sortir.

L'affaire Sylvie Andrieux, cette élue condamnée pour avoir financé des associations fictives à des fins électoralistes, a jeté la suspicion sur beaucoup d'autres associations placées sous sa protection. D'abord moins subventionnées, elles ont ensuite vu leur activité largement amputée. Les dealers ont souvent pris la place, violemment. Le Front national aussi, sournoisement. Leur populisme comme première étape vers le clientélisme.

« L'erreur de Sylvie, ça a été de financer quelques assos qui n'avaient même pas d'activité, des boîtes vides. Alors ça c'est vu », regrette Karim. Une très jolie femme vient lui faire la bise, indifférente à notre conversation. Une brune, presque 40 ans, vêtue comme une adolescente et qui joue de tout charme pour l'attirer. « Elle a deux minots, et les pères sont l'un mort et l'autre en prison. Les filles de réseau, en vieillissant, elles se tournent vers des mecs comme moi, clean mais en place. » Il la regarde chalouper vers la sortie. Elle a un tic, elle se tape alternativement la culotte de cheval, en suivant le rythme de sa marche. Comme pour lui dire qu'il faut partir maintenant.

*

J'ai rencontré Sylvie Andrieux, l'incontournable députée d'une circonscription des quartiers nord, pour la première fois en 2004. À la tribune, dans son tailleur rose Chanel, sur la musique de *Barbie Girl* crachée par des enceintes puissantes, au cœur de la cité des Flamants conquise, avec un discours engagé et très social.

Près d'elle, Haddah Berrebouh. Mme Berrebouh pour les uns, Haddah pour les autres. On l'aime autant qu'on s'en méfie.

Une personnalité engagée tous azimuts dans la lutte contre la toxicomanie, dans l'accompagnement des familles, aux côtés des femmes et des personnes âgées, mais aussi dans l'aide administrative, les sorties culturelles, les voyages organisés, les activités manuelles et des actions humanitaires vers le Burkina Faso. Une personnalité indispensable à la cité des Flamants. Pour ses actions, elle a été récompensée par deux fois : en 2000, de la Légion d'honneur ; en 2008, de l'Ordre du mérite par le bon Sarko lui-même. Mais toute médaille a son revers. Ce qu'on lui reproche désormais, c'est justement sa proximité avec Sylvie Andrieux qui, en 2014, a été condamnée à un an de prison, 100 000 euros d'amende et cinq ans d'inéligibilité. Reconnue coupable d'avoir fait verser, entre 2005 et 2007, plus de 700 000 euros d'argent public à des associations fictives de sa circonscription en échange des voix d'électeurs alors qu'elle était vice-présidente du conseil régional de Provence-Alpes-Côte d'Azur. Depuis, tous les soutiens de Sylvie Andrieux sont suspectés. Surtout Mme Berrebouh.

Ce qu'on lui reproche aussi, à Haddah, ce sont ses fils. Notamment Medhi, connu comme un gros dealer des Flamants en plus d'être un meurtrier. C'est lui qui écrasait un type en 4 × 4 à la sortie d'une boîte de nuit. En passant deux fois dessus. Lors d'une libération conditionnelle, quelques rafales de 7,62 mettaient fin à sa carrière. Son autre fils, Akim, a aussi un beau casier bien rempli, mais on le dit rangé depuis qu'il a pris la tête d'une grosse société de sécurité. Il passe souvent dans le quartier au volant de sa belle BMW blanche, avec les mêmes lunettes que Sarkozy quand il faisait ses footings à New York. Faut pas lui refuser ses services longtemps, à Akim ; sa boîte de sécurité, elle est à prendre ou à subir. Des gens qui savent se montrer persuasifs quand il s'agit de dicter des positions électorales à l'approche des scrutins. Même s'ils ont la conscience politique d'une kalachnikov.

Trois mondes s'entrecroisent en permanence : les voyous, les militants associatifs et les politiques. Où tout se fait en réseaux, où l'on est en concurrence sur un territoire restreint. Et où l'on passe son temps à faire des compromis pour y cohabiter. Lors du procès Andrieux, on évoquait le « triangle maudit » qui relie les cités Font-Vert, Picon-Busserine jusqu'aux Flamants *via* Saint-Barthélemy. Le procès Andrieux, appelé « procès du clientélisme », a été largement couvert. Puis seule la députée a été condamnée. Pourtant, à Marseille, rien ne se fait jamais en solo. Tout s'y construit comme un château de cartes, et là une seule carte, la dame de cœur, a été soufflée. Transpercée par le glaive de la justice en place publique. Étonnant comment est décrite Sylvie Andrieux lorsqu'elle arrive dans la conversation ou fait l'objet d'un article de presse. On commence toujours par décrire son apparence, sa coiffure toujours impeccable, ses tenues choisies, ses yeux bleus perçants… comme si elle essayait de tromper son monde. Ensuite tombe toujours un « mais elle a des couilles », ou autres subtilités du genre.

Les attendus du jugement sont sans détour : « L'infraction de détournement de fonds publics est caractérisée. » Et la justice en a fait sa seule cible d'importance : « Ces faits causent un trouble exceptionnel à l'ordre public en ce qu'ils engagent la responsabilité d'une élue de la République pour manquements graves au devoir de probité inhérent à sa fonction et qu'ils remettent en cause la confiance que peuvent avoir les électeurs citoyens en leurs élus. » Sept cent mille euros versés à des associations fantoches en échange de promesses de voix à chacune de ses élections. Le jugement du tribunal pourfend : « L'argent du contribuable a été distribué sans discernement et d'une manière arbitraire dans le cadre d'un clientélisme électoral et a profité à des personnes privées pour leurs besoins personnels. Sylvie Andrieux s'est servie des fonds régionaux sur lesquels elle avait un pouvoir régulier et officiel comme d'une réserve financière pour conforter son implantation politique dans sa circonscription. » Vingt et une autres personnes ont été également condamnées pour escroquerie, faux et usages de faux, mais même les peines les plus importantes ne parviendront pas à concurrencer la jolie petite bourgeoise venue acheter les voix du bas peuple dans un quartier populaire. Pour tous, elle était la sournoise et impérieuse tête de réseau. La tête étant coupée, tout le monde s'imagine que les choses vont reprendre un cours normal. C'est parfois le problème du théâtre judiciaire ; il arrive que l'on s'y trompe de spectacle. On punit, mais on n'élimine pas les causes du problème.

Un réseau comme celui-ci se construit sur toute une addition d'intérêts et d'ambitions personnelles. Au fond, seuls les médias et la justice cherchent un chef, chacun pour des raisons différentes. Les uns pour avoir une histoire à raconter, l'autre pour justifier son pouvoir de condamnation. Pourtant, il n'y a aucune raison pour que le clientélisme associatif disparaisse. La dérive est d'abord structurelle.

Parmi les différents condamnés aux côtés de Sylvie Andrieux figure Benyoub Same, heureux bénéficiaire de ses généreuses subventions. Visiblement, le type ne découvrait pas le tribunal, s'y sentant presque bien, coupant la parole aux uns et aux autres, même à la présidente, comme au café des Sports. Sans perdre de temps, il reconnaissait tout. Lui a connu la vie chaotique de ceux qui se débattent pour exister dans les quartiers populaires. Après avoir tâté un peu de la prison, il profitait de sa relative instruction pour faciliter l'installation de commerçants arrivés d'Algérie. En 2005, à Font-Vert, il gérait un taxiphone où se rencontrait tout le quartier. Les discussions allaient bon train sur toutes les voies possibles pour améliorer le quotidien. L'associatif en était une. Benyoub Same comprend alors qu'en « montant des associations on peut obtenir des fonds ». Une autre voie pour gagner de l'argent consiste à s'arranger pour obtenir une bonne place sur une liste d'élus. Devenir conseiller municipal de Marseille vous assure une rente mensuelle d'un peu moins de 2 000 euros. Conseiller général, près de 2 500 euros. Conseiller régional, un peu plus de 2 600 euros.

Si les places sont alléchantes, la concurrence est rude : tous ceux qui ont un réseau de connaissances (ou font semblant d'en avoir un) et qui tentent de le monnayer. Avant de faire tourner son taxiphone, Benyoub Same tenait le snack de la cité Picon, situé juste en face. Il y faisait campagne, haut et fort, pour le candidat UMP Michel Bourgat, et avait même reçu dans son bar Jean-Claude Gaudin, le maire, et Renaud Muselier, alors son premier adjoint. La politique n'étant pas vraiment accessible, il avait choisi de « travailler » pour des élus *via* l'associatif, plus à sa portée. Le bistrotier deale son entregent microlocal. Il interpelle et tutoie tout ce qui bouge, se fait immédiatement ami, aide, rend service, offre des bouteilles comme des Corses offriraient du saucisson… sans plus de conscience politique qu'un petit guetteur d'un plan stups. « Je n'ai jamais adhéré à un parti politique. Pour moi, droite et gauche, c'est pareil », expliquait-il devant le tribunal. Malgré son manque de rigueur politique, Roland Balalas, l'attaché parlementaire de Sylvie Andrieux, l'avait sollicité et en donnait les raisons lors du procès. « Comme c'est quelqu'un qui avait fait le bordel dans son quartier de Font-Vert-Picon en 2001 contre Sylvie Andrieux, elle préférait l'avoir avec plutôt que contre. En contrepartie de ce retournement, elle lui versait les subventions qu'il demandait par le biais d'associations. » En 2007, il était temps de le recruter en coupant l'herbe sous le pied d'autres aux mêmes ambitions. Un bon petit repas « chez Nora Preziosi à Endoume » et l'homme aurait facilement changé de couleur. Elle, Nora, s'est arrachée de Font-Vert en épousant un prestigieux avocat et ambitionne alors de devenir la députée-maire de la plus grande circonscription de France avec ses 130 000 électeurs. La femme à abattre s'appelle Sylvie Andrieux, il faut des soldats. Elle propose à Benyoub « de l'argent, de l'emploi » et lance devant de nombreux témoins : « Laisse tomber, moi, c'est plus intéressant ! » Ensuite, elle lui présente le préfet de police Bernard Squarcini qui deviendra, quelques mois plus tard, le patron du renseignement français. Sylvie Andrieux fait d'ailleurs remarquer que « l'alerte Tracfin qui a mené à l'enquête sur [elle] a été déclenchée exactement au moment de la prise de fonction de Squarcini à la tête de la DCRI qui en a justement la charge ».

Chacun ayant chanté sa sérénade, Benyoub Same hésite donc entre le conseil général où l'on peut toujours obtenir un logement social, la ville de Marseille, jamais avare de bons postes, et la Région, prodigue, elle, en subventions. Il opte pour cette facilité-là avec, aussi, un reste de fibre militante. « J'ai accepté parce que Roland Balalas m'a expliqué que la gauche était plus socialiste que la droite. J'ai appliqué la tactique des politiques pendant la campagne. Promettre et ne jamais tenir. J'ai tellement promis ! » L'homme n'est pas un mauvais bougre et même plutôt un commerçant honnête, réellement soucieux des gens de son quartier. Satisfait d'avoir pu financer, grâce aux subventions de son association de commerçants, une passerelle pour aider « les mémés qui ne pouvaient pas monter les escaliers ». À la barre, il se félicite que « beaucoup de gens fassent leur travail honnêtement dans les quartiers avec leurs associations. Heureusement qu'ils sont là ! » Il n'empêche qu'avec son association fictive, il ne proposait pas d'activités ni de services à part celui d'agent électoral, tout en bénéficiant de larges subventions utilisées pour son compte personnel. À l'époque où les choses ont dérapé, Benyoub Same collectionnait les malheurs : un divorce, un frère mort d'overdose, une sœur suicidée et encore un frère décédé de maladie. Il s'est vu happé par cette association fictive comme un moucheron par la lumière. Une attraction irrésistible.

Autre figure du tableau présente à la barre, Boumediene Benamar. Initiateur d'associations présidées par des pantins recrutés selon leur degré de vulnérabilité : étudiants fauchés, chômeurs, personnes endeuillées ou submergées par un drame personnel. Puis il encaissait les sous. « Comme tout le monde, j'ai bien mangé. » Mais pas tout seul, selon lui. « Je recevais de l'argent en liquide, je le remettais dans une enveloppe à Balalas qui me rejoignait dans ma voiture, dans un parking. J'en gardais une partie pour moi, pour mes dépenses. » Son casier judiciaire porte cinq mentions entre 1990 et 2009, dont une peine de dix-huit mois pour séquestration et détention arbitraire ainsi qu'une tentative de meurtre. Benamar, dit « Boumé », est très bien connu des services de police. Propriétaire d'un établissement de nuit et d'un bar dans le quartier des Catalans, près du centre de Marseille, au bord de la mer, l'homme, nerveux et sportif, touche un peu aux anabolisants, à en devenir tout rouge et colérique. Il manie les codes des voyous : se taire sauf face à une injustice flagrante ; s'organiser comme s'il était constamment surveillé ; fournir un téléphone dédié à chacun des protagonistes de ses petites affaires, le tout en circuit fermé. Un pro, quoi. « Je suis au courant de ces choses-là parce que j'ai fait de la prison. » À la barre, il a détaillé la nature des services rendus à la députée. « J'ai donc collé des affiches pour M. Balalas. Je participais à des repas dans les maisons de retraite. Des journalistes venaient. J'avais pour mission d'intervenir quand il y avait des débats. Je me présentais comme étant sorti du quartier de la Busserine et je devais dire que j'étais content de l'action socialiste. Chaque fois qu'un élu passait dans le quartier, Roland Balalas m'appelait, je devais être présent. » Un beau voyou, ça connaît d'autres voyous. Des gens discrets, rapidement mobilisables qui ont toujours besoin d'un service et savent aussi en rendre. Il n'est même pas certain que Sylvie Andrieux l'ait jamais rencontré ni même qu'elle ait eu vent de son existence. Il était l'un des maillons, c'est tout.

La chaîne était longue. Autre maillon : Abderrezak Zeroual, « bénévole actif » dans deux fausses associations. Juste après le procès Andrieux, il s'est retrouvé jugé pour trafic de drogue, à savoir l'importation de 337 kilos de résine de cannabis en provenance du Maroc. À ses côtés, dans le box des prévenus, l'un de ses vieux copains corso-marseillais et un chef de service de la propreté de la Ville, évidemment adhérent au syndicat Force ouvrière. À lui seul, Abderrezak Zeroual résume la trajectoire des dégourdis des cités qui tentent de s'en arracher. Chaoui né en Algérie, mais arrivé à Marseille tout bébé, il grandit dans le Marseille de l'après-guerre d'Algérie. Un peu de bidonville, puis la famille entassée dans une cité, Saint-Barthélemy 3. Un grand-père qui s'était battu pour la France, un père instruit, écrivain public pour les chibanis et tous ceux qui avaient besoin de ses services. Gaulliste, le père penchait en secret pour Messali Hadj, fondateur du Mouvement national algérien, en lutte fratricide avec le Front de libération nationale auquel appartenait son propre frère.

Véritable trait d'union avec les harkis, le père Zeroual intéresse rapidement des élus des années 1970. Il débute comme agent électoral, qui ne dit pas son nom, auprès d'un politicien de l'UDR. Le petit Abderrezak est toujours dans ses pattes. À la mort du père, la fratrie (treize frères et sœurs) s'installe à Noailles dans le centre-ville. Là, il enchaîne galères et prise de conscience politique, colle de faux diamants sur les affiches de Giscard, se révèle charismatique et, poussé par les plus grands du quartier, décroche un diplôme d'animation sociale. Plein d'espoir, il se joint même à la grande Marche pour l'égalité de 1983.

Après un séjour au Brésil, il comprend en rejoignant l'association Léo Lagrange (dédiée à la culture populaire), présidée par le defferriste Lucien Weygand, que les types comme lui sont utilisés pour se contrer les uns les autres. Il passe les examens pour accéder à un poste de directeur de centre social, mais tombe en pleine dépression des années 1980 et subit la crise de légitimité de tous ceux qui portent un nom à consonance arabe. Les places sont chères et les Maghrébins ne sont pas prioritaires. Par racisme un peu, mais c'est surtout le fruit d'une intégration au rabais. Le simple fait d'être arrivés après la première vague d'immigration réduit les relations, les réseaux se limitent aux connaissances du quartier. Ainsi, sa supérieure hiérarchique est moins diplômée que lui, mais a l'avantage d'être la nièce de Lucien Weygand. Abderrezak Zeroual ouvre alors une blanchisserie dans la cité de la Busserine et devient prestataire de services de la clinique du Dr Peschard. Ce dernier lui cède une partie des marchés de ses établissements en échange d'une belle somme d'argent qu'Abderrezak réunit en complétant ses indemnités de Léo Lagrange par un prêt bancaire. Peschard songe alors à en faire un adjoint à la Jeunesse et aux Sports, mais le toubib se fait descendre à la sortie d'une pizzéria de Sainte-Marthe… juste devant Zeroual. Victime de la guerre des cliniques qui ensanglantait le Marseille des années 1990.

Payer pour obtenir des marchés n'est pas légal, il ne peut donc pas réclamer son dû après la mort de Peschard et n'obtiendra jamais ce que ce dernier lui avait promis. Zeroual y perd tout : son fric, son projet, sa silhouette et ses cheveux. Et il se retrouve fiché au grand banditisme comme un acteur de la guerre des cliniques. Engagé dans un petit trafic d'épaves, faussement retapées et revendues cher dans des pays lointains, il sombre ensuite un peu malgré lui dans le transfert du shit à pleines valises depuis le Maroc *via* l'Espagne avec son complice, chef de service à la ville de Marseille, mais aussi copain d'enfance issu d'une famille de bandits notoires. Lui claque un fric fou, chaîne en or sur le torse, montre un goût certain pour les hôtels de luxe, profite de la protection de Force ouvrière pour, notamment, exploiter un bar bien qu'étant fonctionnaire. Un Corse bosse avec eux, Doumé, flambeur, frimeur et pas des plus respectueux. En novembre 2008, après dénonciation, leur convoi se fait arrêter au péage de Lançon-de-Provence. Zeroual se rend à la police, bénéficie d'un vice de forme dans la procédure et comparaîtra libre au procès Andrieux où il ne niera pas grand-chose des charges pesant sur lui. Il oubliera, cependant, de livrer quelques éléments non négligeables.

Au second tour des législatives de 2012, Zeroual présidait le bureau de vote de la cité Font-Vert pour le Front national à la demande de Nora Preziosi, la candidate UMP éliminée au premier tour. Nora Preziosi, l'ennemie jurée de Sylvie Andrieux. Pour les législatives de 2012 et les municipales de 2014, et bien qu'UMP, elle a clairement fait campagne pour le Front national.

Sa haine d'Andrieux lui vient des sorts tragiques de ses deux neveux, Jojo et Zachary, abattus lors de règlements de comptes à deux ans d'intervalle, en 2012 et 2014. Nora n'en démord pas, « [ses] neveux n'auraient pas glissé comme ça si l'associatif avait pu faire son travail ». Alors, pour abattre Sylvie Andrieux, la candidate a beaucoup œuvré pour le candidat frontiste, Stéphane Ravier. Face à cette complicité, l'UMP locale souhaiterait un peu plus de discrétion, moins de photos copains-copains, de déclarations d'amitié sur les réseaux sociaux et de tutoiements ostensibles. Mais tout ce micromonde se fréquente sur un terrain bien délimité. Stéphane Ravier, désormais sénateur-maire Front national de la circonscription qu'il ravit à Sylvie Andrieux, connaît très bien l'attaché parlementaire PS de celle-ci, Roland Balalas. À Marseille, on navigue facilement d'un bord à l'autre. Même avec des antécédents frontistes, on peut se décider à rejoindre le PS, plus à même d'offrir des mandats avec les indemnités et avantages y afférents.

Ainsi l'étonnant personnage de Théo Balalas, le père de Roland, un accent marseillais que l'on croirait forcé et la bouille bien portante, manie l'art de nier sans convaincre ni pour autant se confondre, laisse planer le doute par des avertissements sibyllins, porte sa mauvaise foi en bandoulière et prend plaisir à ponctuer ses phrases de « on se comprend » pour que rien ne soit finalement compréhensible. Ex-membre de l'OAS (Organisation armée secrète), condamné pour ses actions pendant la guerre d'Algérie, ex-exilé chez Franco, ex-compagnon du mouvement néofasciste Ordre nouveau, ex-artisan de l'implantation, en 1972, du Front national à Marseille, ex-candidat frontiste aux législatives en 1973, ex-correspondant du journal *Minute* au temps des ratonnades, Théo Balalas rejoint alors le Parti socialiste pour y occuper l'une des places les plus importantes de l'organigramme de la fédération des Bouches-du-Rhône, « responsable des adhésions ». Tout en demeurant toujours, en 2015, fidèle adhérent de l'association d'extrême droite

Adimad-OAS. « Il faut avoir des amis partout. Au moins 100 000 rapatriés se sont installés à Marseille, ça fait autant d'électeurs », déclarait Balalas, en 2006, au journal marseillais *CQFD*, au siège du PS des Bouches-du-Rhône, en invoquant la figure mythique de Gaston Defferre qui « a su fédérer des personnes de toutes tendances ». Son fils, Roland, a grandi dans cette ambiance avec, chez lui, une pièce dédiée au IIIe Reich et des drapeaux nazis dans une maison où se rencontraient les amis de son père, dont Ronald Perdomo, l'un des leaders locaux du Front national. Il y côtoyait le jeune Stéphane Ravier, la relève frontiste, qui, en 2014, a raflé son secteur à Sylvie Andrieux après la condamnation de celle-ci. Étonnant aussi de constater que sur la boîte aux lettres de Roland Balalas se trouve le nom de Marine Cassina, chargée d'instruire les demandes de subventions pour le groupe PS au conseil régional...

Le constat de ce joyeux mélange des genres et des tendances laisse amère Sylvie Andrieux, qui a le sentiment d'avoir payé seule après sa condamnation. « L'instruction de ces dossiers était validée par le directeur général des services et le directeur de cabinet de la Région. Et les dossiers qui m'ont valu ma condamnation ont tous été votés à l'unanimité en assemblée, sauf par le FN. Or, moi, je n'étais pas présente et je n'avais pas donné de pouvoirs. » Michel Vauzelle, président de la région Provence-Alpes-Côte d'Azur depuis 1998, n'a pas été inquiété par la justice dans une affaire qui a pourtant démontré *a minima* un sérieux manquement de ses services. Et, comme toujours, la mauvaise herbe comble les failles.

En juillet 2012, un rapport de la chambre régionale des comptes dénonçait, sans détour, les pratiques du conseil régional PACA. « Des pratiques de mauvaise gestion perdurent en dépit des alertes. Ce système présente des risques élevés en matière de sécurité juridique et d'image pour la collectivité. [...] La quasi-absence de contrôle d'exécution des subventions dont 80 % sont forfaitaires et payées en totalité dès notification, l'absence de tableau de bord, nuisent au bon emploi des deniers régionaux. »

À la barre du tribunal, Michel Vauzelle, président de la Région depuis 1998, partie civile, jouait les oies blanches. « Le clientélisme est une pourriture pour la démocratie. » Et ceux qui confessaient – « On m'a demandé de faire la campagne de Vauzelle » (Benyoub Same) ou « En vérité, j'ai fait la campagne de Vauzelle aux Catalans, on collait les affiches par-dessus celles des autres jusqu'à l'usure » (Boumediene Benamar) – n'en apportaient évidemment aucune preuve. La boue du terrain éclabousse rarement ceux qui sont haut perchés. Pourtant, il n'y a pas de délégation de signature au conseil régional, contrairement à ce qui se pratique à la ville de Marseille et au conseil général des Bouches-du-Rhône. Son président est donc, en théorie, responsable de tout. « Vauzelle, c'est un roi fainéant, il ne fait rien, le vrai patron de la Région, c'était son directeur de cabinet, Franck Dumontel », affirment, en 2015, plusieurs élus socialistes et techniciens à leur service.

Franck Dumontel, c'est un beau gosse, ancien footballeur pro en D2 à Créteil. À la fin de sa carrière sportive, il intègre la mairie de cette ville de la banlieue sud-est de Paris sous la protection de Laurent Cathala, figure socialiste, qui en fera un peu plus tard son chef de cabinet. À la suite d'un différend entre les deux hommes, le réseau fabiusien expédie l'ancien sportif au poste de collaborateur du maire de Draguignan. Là, il rencontre Élisabeth Guigou qui le propulse rapidement comme directeur de cabinet du président de la région PACA, Michel Vauzelle. Toujours dans le petit monde socialiste, Dumontel épouse ensuite Samia Ghali, sénatrice-maire PS d'un secteur des quartiers nord de Marseille. Samia Ghali est chargée, au sein du conseil régional, du sport, de la jeunesse et de la vie associative. À ce poste, elle gère un budget de 28 millions d'euros. Or, quoi de plus fédérateur qu'un club de football dans une cité ? Les élus s'arrachent les responsables sur leurs listes électorales. Au cours du mandat de Samia Ghali, des pelouses synthétiques ont poussé partout dans les quartiers nord de Marseille. Ainsi, entre 2004 et 2010, 960 000 euros de subventions ont été versés à l'association Omnisport Hermitage Campagne Lévêque, présidée par un cousin de Samia Ghali, Abdelhafid Bahou. Un bond gigantesque pour une association qui, auparavant, ne recevait que 4 000 euros maximum par an. Le même cousin a aussi ouvert un magasin de sport : Les Techniciens du sport. Et pour que le club puisse s'y équiper, les services de Samia Ghali délivraient les subventions nécessaires : 78 000 euros versés en 2005 par la Région à l'association Omnisport Hermitage Campagne Lévêque. Abdelhafid Bahou assure en avoir fini avec tout ça.

On n'est donc jamais aussi bien servi que par les siens. L'association Algérie Innovation, présidée par Azdine Bahou, un autre cousin de la sénatrice-maire, a bénéficié, elle, de subventions régionales importantes : 82 000 euros dès l'année de sa création en 2007, dont 26 000 euros d'aide à l'investissement. Là encore, la chambre régionale des comptes s'en est étonnée. Rien d'illégal, juste étonnant. Son rapport souligne que cela « met en exergue la faiblesse des contrôles de la collectivité ». Du coup, la Région a demandé au cousin, Azdine Bahou, de rembourser. On notera que l'association était domiciliée chez lui. Et qu'une grosse partie de la subvention visait à la rénovation du siège de ladite association…

Samia Ghali incarne le parcours type de l'enfant d'immigrés issu d'un quartier populaire, en l'occurrence Bassens où, nourrisson, elle souffrit de malnutrition. Partie vivre ensuite à Campagne-Lévêque, elle entra très jeune en politique auprès du socialiste Patrick Mennucci dont elle se dit toujours « amie ». Samia Ghali est aussi la cousine éloignée de l'UMP Nora Preziosi, ennemie jurée de Sylvie Andrieux. Comme d'autres, les deux femmes ont gardé leurs liens par-delà leurs divergences politiques. « Les chaouis ont le sens de la famille », résume une proche des deux femmes. Comme les Corses. Comme tant d'autres.

Lors de sa garde à vue, l'attaché parlementaire de Sylvie Andrieux fut interrogé par un policier sur d'autres personnalités politiques susceptibles, comme elle, de verser des subventions à des fins clientélistes. Roland Balalas répondit : « Il y a également Mme Ghali, également socialiste. Mais Mme Ghali a son propre circuit. Cela signifie que Mme Ghali, en qualité de vice-présidente déléguée aux sports et à la vie associative, a sa propre sphère d'intervention. » Depuis, le juge n'a pas vraiment creusé la question.

Quand on fragmente tout, quand on joue les bien-pensants, on aime adorer untel et détester un autre. On personnalise les situations et, bien manichéen, on condamne, on classifie. On le fait bien, mais rien ne change. Tout rentre dans l'ordre, puis ça recommence.

Le procès du clientélisme est donc devenu celui de Sylvie Andrieux. Sans grand effet notable à part cette désagréable impression qu'en personnalisant la faute, la justice a, en fait, renforcé le système.

Car il ne faut pas s'y tromper. Les élus ne sont pas foncièrement véreux. Ils veulent juste être élus. La plupart sont réellement portés par l'envie d'améliorer le quotidien de leurs administrés. Je les ai tous vus, des semaines, des mois, des années durant, sacrifier beaucoup de leur temps pour rencontrer les uns et les autres, piétiner autour de buffets miteux, avaler des cacahouètes dans des locaux sordides, serrer des mains, noter des numéros de téléphone, fixer des rendez-vous, sourire, blaguer, apaiser, et tenter de sensibiliser en haut lieu.

Tous sont sincères dans leur combat politique, mais ils perdent rapidement leur intégrité morale dans l'exercice du pouvoir. Le principe est simple. « La politique n'est faite que d'arrangements », m'explique l'un d'eux. Compromis puis compromissions dès que l'élection en dépend. Et dès lors que tous s'y mettent, s'y refuser revient à capituler et, en perdant un mandat, à perdre ses idéaux d'origine. On n'a plus d'action possible lorsqu'on n'est plus élu. Une schizophrénie encore plus marquée dans les quartiers populaires. Elle a ça de bien la misère des quartiers populaires : la plupart des gens sont trop occupés à trouver un moyen de bouffer pour s'intéresser à l'intérêt collectif. Alors la méthode est simple, comme la résume l'un des hommes qui fut élu d'un de ces quartiers : « Tu arroses quelques leaders, quelques relais associatifs, communautaires et criminels, et comme ça, tu le tiens ton secteur. »

IX

Dieu le maire

Au système clientéliste du pauvre qui recrute sur fond de misère, il faut à Marseille un pendant bourgeois. Et un maître protecteur.

Depuis maintenant vingt ans qu'il est perché là-haut, sur le fauteuil de maire de la deuxième ville de France, au-dessus des autres, avec son accent ensoleillé tel un jingle, sa marque déposée « Marseillais depuis toujours », « Gaudin » – comme il se nomme lui-même pour mieux s'observer – fascine ou agace, pour les mêmes raisons.

Pour la plupart des Marseillais, Jean-Claude Gaudin, irrationnel comme « sa » ville, est là depuis aussi longtemps que la Bonne Mère, l'abbaye de Notre-Dame-de-la-Garde qui surplombe la ville et veille sur elle.

On dira que Gaudin est fatigué. On le regardera parfois grimacer en marchant, les articulations grippées par la goutte, cette maladie des gens riches, du moins dans leur alimentation. Quand le mal s'impose, son service de presse mesure la distance à parcourir jusqu'au pupitre où l'orateur pourra prendre appui. La distance de sa résistance faciale à la douleur semble avoir été évaluée à vingt-cinq mètres maximum. On constatera aussi que Jean-Claude Gaudin rabâche les mêmes histoires, aux mêmes personnes, lors des mêmes cérémonies, avec le même ton, les mêmes hésitations, les mêmes effets et les mêmes chutes pleines de satisfaction. On le dira donc vieux, usé.

Il porte pourtant beau pour quelqu'un de plus de 120 ans. Plus de cent vingt ans de mandats cumulés, à saluer sans cesse, à décocher des clins d'œil, à remercier ou corriger celui qui doit l'être. Cent vingt ans de mandats qui font qu'aujourd'hui Gaudin serre fort les poignes dans une secousse en posant sa main libre sur l'avant-bras de l'autre, comme la marque d'une saine domination.

Plus de cent vingt ans de mandats concentrés dans les cinquante ans de carrière politique de cet homme de 76 ans. Et ses proches l'assurent : « Vous ne trouverez personne pour dire du mal de lui. »

Du haut de son perchoir au conseil municipal, il défie, sermonne, accuse, puis félicite et finit par une œillade amusée et complice, comme si tout cela n'était qu'un jeu. Ce perchoir est son divertissement. Un homme qui a donné sa vie à la politique ou, plutôt, à qui la politique a tout donné : « La politique et les mandats représentent 95 % de ma vie, je suis heureux comme ça. »

Les dactylos municipales relèvent la syntaxe pas toujours rigoureuse de cet ancien professeur d'histoire-géographie en établissement catholique, où aucun diplôme n'est demandé. Un homme systématiquement courtois et attentionné pour son petit personnel, du moins en public. Quand il reçoit des « Parisiens » (avec des postillons dans le « P ») – nom donné localement à tous les non-marseillais –, Jean-Claude subjugue l'auditoire avec son accent méridional. Ils sont deux à parler : il y a Gaudin, et il y a son accent, tant il est marqué sans être forcé : c'est inutile. Il est là comme un bon ami rassurant de désinvolture.

Dans son quartier de Mazargues, un ancien village paroissial à l'extrême sud de la ville, on se souvient du jeune et pétillant Jean-Claude au tournant des années 1950. Là, déjà, son air de bon copain distant et son phrasé de café-théâtre le rendaient populaire. C'est là aussi qu'il comprit que l'on peut appâter n'importe qui avec des paroles et un rien de bonhomie désuète. Et puis, surtout, celui qui parle n'a à répondre de rien. C'est son côté saint Jean bouche d'or*.

Dans un haussement de sourcils qui plisse son front, Philippe San Marco, ancien socialiste, explique la méthode de celui qui fut son adversaire, avant que ce dernier ne lui propose, en 2008, une structure paramunicipale : « Vous demandez à le voir pour un sujet… Il vous reçoit après plusieurs filtres, et là, il va vous submerger d'un discours d'anecdotes, souvent les mêmes… Vous ne pouvez pas respirer, vous rigolez bien… Allez, à la prochaine… Vous n'avez pas pu en placer une, mais vous êtes flatté, vous êtes pris, ça y est, vous êtes un ami. »

Si c'est important, l'homme reçoit au restaurant, où il mange autant qu'il parle. « Et hors de question qu'un autre que lui paye l'addition. Depuis trois ou quatre ans, il règle avec une carte bancaire dont il s'émerveille à chaque fois de se souvenir du code », insiste José Allégrini, ancien bâtonnier, avocat de l'élu avant de devenir l'un de ses adjoints au cours de son troisième mandat municipal.

* « Parler comme saint Jean bouche d'or » : s'exprimer avec assurance et aisance.

L'argent ne fait pas la richesse de Gaudin, le bon chrétien. L'amitié durable, la fidélité, la reconnaissance, fondent ses valeurs. Il aime qu'on l'aime. Peut-être parce qu'enfant, il appréciait tant les collections de photos d'artistes dédicacées que sa mère lui rapportait de chez un producteur de spectacles où elle travaillait parfois.

Petit, il choisit très vite le théâtre politique où il s'emploie depuis comme un acteur d'après-guerre, bon mais surjouant toujours un peu. Il alterne les masques : masque bouffon, masque tragique, l'officiel, celui du premier magistrat, le rouge de colère ou le ravi de son bon mot. Il prend la mine ambiguë… On ne se rappelle pas l'avoir vu naturel en public. Bon acteur donc, il s'empresse de remplir l'espace et de combler le vide avant qu'un autre ne le fasse. Fatigué juste avant la dernière campagne des élections municipales, il se montre d'abord hésitant, traîne les pieds et grimace dans la zone des vingt-cinq mètres. Avant de se redresser, l'échéance électorale approchant… Le miracle.

Gaudin le pieux, celui qui dit dans un sourire « s'asperger d'eau bénite tous les matins », a l'art de transformer des moments de politique en scènes bibliques discrètement empreintes d'émotion. À l'action, il applique les procédés de la théologie chrétienne : du doute surgit la résurrection.

Dans la campagne municipale encore molle du début 2014, Jean-Claude envoie ainsi les signes de son retour aux siens. Ce jour-là, la garde des Sceaux, Christiane Taubira, vient à Marseille officiellement pour visiter un centre de vidéosurveillance municipal flambant neuf. De manière moins officielle, elle va soutenir la candidature du socialiste Patrick Mennucci. En attendant l'arrivée de la ministre, les deux hommes, surnommés pareillement « le Gros » dans leur famille politique, se toisent dans les locaux de la police municipale.

La voiture ministérielle pointe le bout de son macaron. Gaudin se montre le plus vif. Accélération sur trois mètres, ses épaules passent devant celles de Mennucci tout occupé à expliquer aux journalistes qu'il va « bientôt écraser le vieux ». Puis Gaudin se redresse, joyeux comme Charles Trenet, écarte des bras accueillants devant et bloquants derrière, pour lancer une rafale d'anecdotes ininterrompues dont celle, pleine de romantisme, de la première rencontre avec Mme Taubira, une promenade en mer de Guyane où il accompagnait un ami fraîchement installé évêque. Gaudin fait le joli cœur, Taubira sourit. Coincé dans l'arrière-plan, Mennucci tente d'exister.

Quelques mois plus tard, Jean-Claude Gaudin est élu maire de Marseille pour la quatrième fois consécutive, avec une confortable majorité de soixante et un sièges. Il n'a pourtant été élu que par 14 % des 850 000 habitants de la ville, car seuls 491 000 sont inscrits sur les listes électorales. Si peu de gens votent ici, il suffit de les séduire. Gaudin séduit sans promettre, quand d'autres promettent sans séduire. Sa communication est étonnante de modernité. Son programme, c'est lui : pour garder Gaudin, tapez 1 !

À Marseille, il suffit de lever la tête pour connaître la couleur politique : la Bonne Mère veille sur une ville trop souvent méconnue comme démocrate chrétienne, tant on veut en faire dans les médias et les salons politiques la première ville musulmane de France. La bourgeoisie, encore puissante bien que déclinante, reste majoritairement catholique. Jean-Claude en a rempli son conseil municipal.

Marqué enfant de l'estampille religieuse, il est pétri d'éducation cléricale. Expert du Vatican, il regorge d'anecdotes en soutanes. De nombreux ecclésiastiques viennent chercher conseil chez ce Stéphane Bern de la papauté. Membre influent du groupe d'amitié France-Saint-Siège du Sénat, il est régulièrement reçu au Vatican avec respect.

À Marseille, on dit même Gaudin membre de l'Opus Dei. Il nie fermement. Sa fidélité à l'organisation est, du moins, établie. En mai 1992, il figurait parmi les invités de Jean-Paul II lors de la cérémonie de béatification de Josemaría Escrivá de Balaguer, le fondateur en 1928 de cet ordre controversé, tenu pour catholique intégriste. Dix ans plus tard, il était à nouveau au Saint-Siège pour la canonisation de celui qui prônait la mortification et incitait ses disciples à se « tuer au prosélytisme ». En septembre 2010, le sénateur-maire inaugurait dans un quartier chic de Marseille le centre Castelvieil où l'Opus Dei propose des « activités de formation chrétienne ». Il expliquait sa présence par son « amitié avec plusieurs membres de l'Opus Dei » et sa « sympathie pour le travail accompli dans le secteur culturel à Marseille ».

Une telle proximité tranche avec l'œcuménisme traditionnellement revendiqué par la municipalité. Robert-Paul Vigouroux, son prédécesseur à la mairie, a créé en 1990 une curiosité locale, Marseille Espérance, structure informelle où se rencontrent les responsables locaux des principales religions. En vingt ans, Jean-Claude Gaudin a fait de Marseille Espérance un symbole de la tolérance entre les communautés de la ville. Ces communautés dont il mesure la nécessaire bonne entente. Après sa dernière réélection au Sénat, Gaudin a été contraint de se séparer discrètement de Guillaume de Thieulloy, son assistant parlementaire au palais du Luxembourg. Celui-ci multipliait les diatribes anti-immigrés et les prises de position extrêmes sur les sites « Riposte catholique » ou encore « Riposte laïque ». Comme cet appel à un référendum sur l'immigration où l'assistant dénonçait « des millions d'immigrés sans emploi, "programmés" à haïr la France, qui [...] sont évidemment une réserve importante pour les mafias, les barbus, et pour tout ce qui crache sur la France ». Si Jean-Claude Gaudin dit ne rien cautionner de ces écrits, Guillaume de Thieulloy a quand même travaillé onze ans à ses côtés.

Insaisissable et en toute discrétion, Gaudin garde ses petits secrets. Même pour le clergé. Et ose ce que son pape préféré, Jean-Paul II, n'a jamais envisagé : une campagne municipale annuelle pour la prévention contre le sida... « Le préservatif : Marseille dit oui ! » L'homme est un pragmatique. Il est capable de se faire *gay friendly* : les associations locales assurent être entendues et aidées par lui à condition de ne pas s'en faire l'écho. Si l'Europride a pu se tenir en 2013 sur la Canebière, Gaudin y est pour beaucoup. Et il n'est pas à une contradiction : réélu l'année suivante, il nomme adjointe à la famille Catherine Giner qu'il décrit comme « une jeune femme bourgeoise, distinguée ». Celle-ci avait pris la tête de la Manif pour tous dans le département des Bouches-du-Rhône. « C'est son droit », considère-t-il sèchement. Le 20 septembre 2015, en pleine crise des migrants, Catherine Giner citait la Bible dans un *tweet* pour prendre position contre l'accueil des réfugiés. « Le Christ n'a jamais demandé de succomber à la migration de masse. » Une certaine vision de la laïcité.

Jean-Claude Gaudin fréquente assidûment la basilique du Sacré-Cœur, celle du Marseille de la « haute », dans un quartier huppé de la ville. Peut-être s'y recueille-t-il devant la statue du fondateur de l'Opus Dei, qui fut bénie en 2005 dans la chapelle de la Vierge ? Lors de cette cérémonie, il était présent, tout comme Jean-Noël Guérini, socialiste dissident, en délicatesse avec la justice, et alors président du département, perdu en 2015. On ne sait plus d'ailleurs si les deux hommes sont opposants ou alliés politiques. Tant de mystères les lient qu'ils remplissent d'irrationnel leur relation, mais tous deux partagent une grandeur commune : celle de toujours garder leurs secrets, avec ce mépris des traîtres et des idéologues.

Dans une ville portuaire vieille de plus de 2 600 ans, les bruits se répercutent toujours, parfois portés par une obédience dénonçant une autre obédience. Une note de policiers francs-maçons de juin 1995 détaille l'« organigramme du fonctionnement et du tissu relationnel de la galaxie Opus Dei en France ». Jean-Claude Gaudin y figure avec le grade de surnuméraire. Vrai ou faux ? Le sénateur-maire reste impénétrable et garde ses mystères. En revanche, Gaudin se décrit volontiers comme un « mangeur d'hosties ». Depuis cent vingt ans, il laisse Dieu se promener à travers ses mandats. Sa carrière politique avait débuté avec une apparition, celle d'une femme, elle s'est poursuivie par une ascension.

Germaine Poinso-Chapuis fut cette lumière sur son chemin. Première femme ministre (de la Santé) dans l'histoire de la République française. Marseillaise, bourgeoise bigote, elle fascine le petit Jean-Claude du quartier de Mazargues. Quand, à 13 ans, il se rend à la messe, il est « subjugué sous l'effet de l'art oratoire de cette femme » qui tient meeting devant l'église. Elle, démocrate chrétienne, s'était distinguée en courageuse résistante, tenant la caisse noire du Parti socialiste clandestin en plus de la gestion du cabinet d'avocat de Gaston Defferre, parti au maquis contre les pétainistes. Tous deux, Germaine Poinso-Chapuis et Gaston Defferre, sont unis dans la délégation provisoire que le Conseil national de la résistance place à la tête de Marseille au sortir de la guerre.

À Defferre échoit la présidence. Ils ne s'affronteront jamais réellement par la suite. Germaine Poinso-Chapuis fera barrière à la droite la plus radicale quand Defferre fera écran sur sa gauche au Parti communiste français. C'est dans cet interstice que Jean-Claude Gaudin reçoit pour la première fois « l'onction du suffrage universel », comme il le raconte lui-même, biblique.

Au début des années 1960, Gaudin s'active comme représentant marseillais des jeunes du Centre national des indépendants et paysans (CNIP) d'Antoine Pinay. Sa chance surgit lorsque Defferre fait alliance avec une partie de la droite pour résister au PCF. En 1965, le voilà benjamin du conseil municipal, « le plus beau jour de ma vie ». Il y fait l'appel avant chaque séance, Defferre l'apprécie. Pour améliorer son ordinaire, il donne des cours aux étudiants de l'Opus Dei dans ce qui deviendra le centre Castelvieil. Professeur d'histoire et de géographie dans l'établissement confessionnel de Saint-Joseph-les-Maristes, il cultive l'art de la rhétorique par l'anecdote. Son personnage est en rodage. Il observe, apprend et patiente. De cette patience, petite bourgeoise méritocratique, de celui qui peut mais n'a pas tous les atouts dès le départ. Le mérite, ça se mérite.

Son père, « le petit maçon de Mazargues », comme il aime à le répéter pour souligner ses origines modestes, est un entrepreneur pratiquant. Petit patron, bon père de famille, il reçoit ses employés à sa table et côtoie la bourgeoisie du quartier, celle par qui tout peut commencer. Jean-Claude Gaudin se construit un réseau, un noyau dur de fidèles auxquels il demeure intimement lié.

Claude Bertrand, son directeur de cabinet, est son Jiminy Cricket politique. « C'est son Mazarin, son Richelieu, son père Joseph. Claude Bertrand déteste se mettre en lumière, même s'il aime que les gens sachent qu'il est un *deus ex machina* », explique Michel Pezet, celui qui échoua à succéder à Gaston Defferre. Cinéphile extravagant, incollable sur Fritz Lang ou Ingmar Bergman, « capable de coups tordus », Claude Bertrand est aussi « un vrai politique qui sait y faire ». Gaudin sans lui n'est pas Gaudin et la presse a pu titrer qu'il est le vrai maire de Marseille. « Ils sont une seule et même personne, ça n'est pas un conseiller, c'est lui pour le meilleur et pour le pire », assure Philippe San Marco, ancien secrétaire général de Defferre. Gaudin le tribun, Bertrand la tambouille.

Dans les années 1960, le père de Sylvie Andrieux, Antoine Andrieux, homme fort du defferrisme, a fait entrer Claude Bertrand comme huissier à la ville de Marseille. Jean-Claude Gaudin lui doit donc la rencontre avec celui qui lancera pleinement sa carrière. Et parce que la relation humaine soude plus que l'idéologie, Bertrand et Gaudin câlinent aujourd'hui la socialiste Sylvie Andrieux comme leur nièce.

Car en 1971, c'est Bertrand qui pousse Gaudin à se désolidariser de Defferre quand François Mitterrand impose au PS marseillais l'union avec le PCF. Gaston Defferre s'incline et s'allie avec le « péril rouge », mais propose à Gaudin, son petit préféré, de prendre la délégation de l'urbanisme. Dans un premier temps, il accepte, flatté. Bertrand le convainc, au contraire, d'y renoncer « par dignité ». Six ans plus tard, la droite prend une déculottée aux élections municipales, mais est libérée du joug du mandarin, ne dépendant plus des socialistes pour profiter d'un pouvoir qu'il faut désormais conquérir. Gaudin veut désormais le fauteuil de Defferre.

Gaudin commence alors à construire son personnage de catho plutôt rigolo, en contrepoint à Defferre, l'austère protestant au léger cheveu sur la langue. D'un côté, un homme à poigne, dur, rugueux, capable de se battre en duel à l'épée et qui ne boit ni ne plaisante jamais. De l'autre, un homme qui n'a de poigne que pour tenir sa fourchette autour de tables bien garnies où l'on négocie compromis, alliances et arrangements.

En 1978, il emporte de justesse, à la surprise générale, la députation contre Charles-Émile Loo, dit « Milou », un homme fort de Defferre. C'est le début de la carrière nationale de Gaudin et de l'ancrage progressif de son clan de fidèles dans les quartiers sud. De ce point d'appui, il part à la conquête de la grande bourgeoisie marseillaise, celle à l'accent « jambon », un mot prononcé avec la sonorité méridionale mais la bouche en cul-de-poule, pour se démarquer du peuple.

De bastion en bastion, Gaudin et les siens pratiquent une politique de village, de proximité et de donnant-donnant. En 1983, il échoue à la mairie contre Defferre qui a moins de voix que lui, mais qui, ministre de l'Intérieur, a su se concocter un découpage favorable.

Avant le débat télévisé de fin de campagne, le vieux briscard entame la joute hors antenne. Multipliant les petites attaques juste sous la ceinture, Defferre fait perdre ses moyens à Jean-Claude qui n'est pas encore Gaudin. En apprenant dans la défaite, ce dernier prépare la victoire.

Trois ans plus tard, en 1986, Gaudin accède à la présidence du conseil régional de Provence-Alpes-Côte d'Azur, en s'associant avec le Front national. « Cet accord pour me battre, il déteste qu'on en reparle », se souvient le socialiste Michel Pezet qui perdait là son fauteuil. Aujourd'hui, Gaudin n'évoque l'épisode qu'en novlangue en parlant d'« accords techniques ».

Un responsable du Front national de l'époque, Ronald Perdomo, se souvient de cet arrangement avec le diable : « Il y a eu une rencontre à l'initiative de Gaudin chez une proche, une riche bourgeoise du 8e arrondissement, où, durant une heure et demie, nous nous sommes entendus pour mettre en échec la coalition socialiste en passant un deal entre l'UDF de Gaudin, le RPR et nous. » Le principe du « deal » ? La réciprocité : une fois Gaudin installé au conseil régional, le Front national disposerait d'un tiers des élus. « Nous avions plusieurs rapporteurs généraux et la présidence de quatre commissions sur douze. Nous siégions dans les conseils d'administration des lycées, nos élus portaient des rapports au nom de la majorité, et une commission UDF, RPR et FN se réunissait pour préparer l'ordre du jour des plénières et les positions de vote. » Ronald Perdomo bénéficie alors de la science politique de Gaudin. « Garde la présidence de ton groupe, c'est mieux que la vice-présidence qui n'est qu'un chapeau à plumes », lui recommande ce dernier.

Pour Michel Pezet, l'ancien dauphin de Gaston Defferre, cette alliance n'était rien d'autre qu'un « réflexe de stratégie électorale », une marque de la frustration d'un homme patient. En réalité, Gaudin et Perdomo se connaissent et s'apprécient depuis 1959, année où le premier proposa au second d'intégrer une section de jeunes du Centre national des indépendants. Puis, en 1981, Ronald Perdomo appuya la réélection de Gaudin à la députation : « Le Front national, donc moi, avait appelé à voter pour lui afin d'atténuer la victoire socialiste, et il a su le faire demander. » Gaudin l'emporte alors de 781 voix sur 70 000 exprimées. Les ennemis communs rapprochent.

Le rapprochement tient jusqu'en 1992. Cette année-là, Jean-Claude Gaudin, agacé par les ténors du Front national (Le Pen, Stirbois, Mégret) qui entendent profiter des succès sudistes, met fin aux « accords techniques ». Il reçoit l'absolution de l'archevêque de Marseille, Mgr Coffy, gêné par cette « affaire du Front national ». Une tribune de l'épiscopat dans *Le Monde* le libère de son péché. Tout est oublié. Ainsi soit-il.

Quand, en 2015, l'ancien candidat PS à la mairie de Marseille se permet de faire la grosse voix en conseil municipal contre une décision de Gaudin, celui-ci revêt son masque rouge de colère, le doigt pointé vers sa victime. « Vous êtes le battu, vous êtes écrasé et vous êtes un facilitateur du Front national », lance-t-il en faisant allusion au maintien du PS lors d'une triangulaire à la mairie du 7e secteur – ces fameux 13e et 14e arrondissements –, raflée par Stéphane Ravier du Front national. Celle où gagnait jusque-là sa filleule politique, la socialiste Sylvie Andrieux. Politicien ubiquiste, Jean-Claude sait se donner tous les rôles, et habiter chacun pleinement.

Stéphane Ravier, premier sénateur-maire FN de France, lui, se sent bien reçu, content d'être invité aux cérémonies qui rythment la vie municipale. Il se montre bien sage au premier rang de l'assistance venue saluer le départ à la retraite d'Henri Sogliuzzo, chargé des ressources humaines de la ville de Marseille. L'un de ces fidèles flingueurs dont s'est entouré Gaudin. Cinquante ans de carrière et « une amitié commencée sur les bancs des collèges et lycées catholiques de Marseille », lance le maire de Marseille. Une tranche de vie marquée par le passage de l'ami à la tête du service des listes électorales : « Un service stratégique ô combien sensible », insiste Gaudin qui décompose chaque syllabe en roulant des yeux devant une assemblée ricanante. Et, se tournant vers ses dauphins potentiels, il avertit : « Il faut aussi, dans la vie politique, de la patience. » Prendre sa claque à témoin vaut autant conseil qu'avertissement. Le vieux Gaudin est encore là, qu'on se le dise. « Le personnage est madré. Quand il donne des coups, il sait les donner », souligne Michel Pezet. Gaudin regrette le départ de son vieil ami « du collège ». D'autres suivront sans doute. La chambre régionale des comptes a pointé à la tête des services municipaux un nombre élevé d'employés ayant pulvérisé l'âge de la retraite. La passion ou l'intérêt, selon les points de vue. « Moi aussi, je suis concerné. Sauf que le corps électoral m'a permis de rester un peu plus », s'amuse Gaudin.

Ce jour de septembre 2014, le maire n'a pas le temps de trinquer au champagne avec son fidèle. Soucieux, il rejoint son grand bureau et le fauteuil de Defferre. C'est la crise : à la rentrée, la non-application des nouveaux rythmes scolaires a mis les parents de la ville en colère. Plus qu'il ne s'y attendait. « Il veut bien terminer, être aimé », assure Jean Roatta, un compagnon des premières heures, celles du quartier de Mazargues. Marseille – ses transports en berne, ses embouteillages chroniques, ses rares plateaux sportifs et ses piscines rabougries – n'était pas prête à offrir aux minots des écoles publiques les activités prévues sur le papier.

En vingt ans, il s'en vante assez, Gaudin a « doublé le forfait dédié aux écoles privées ». Résultat : « Marseille est la seule ville en France où, faute de places, on ne peut pas scolariser certains élèves pendant plusieurs semaines, après chaque rentrée. La Ville manque cruellement de volonté pour ses 73 000 élèves », dénonce Corinne Vialle, syndicaliste et directrice d'école depuis trente ans.

« Occupez-vous aussi de vos enfants ! » lâche Gaudin, avec la hargne du blessé, aux parents mécontents. Tous ceux qui le côtoient l'affirment : l'homme peut être mauvais, cinglant. Comme de la marmite d'un nécromancien jaillit parfois une méchanceté sincère, de celle qu'il retient d'habitude, par prudence. « Le Marseille populaire, ce n'est pas le Marseille maghrébin, ce n'est pas le Marseille comorien. Le centre a été envahi par la population étrangère, les Marseillais sont partis », éclate-t-il dans le quotidien *La Tribune* en décembre 2001.

Il en sort quelques-unes comme ça Gaudin, quand il en a marre de se montrer sympa. Au lendemain d'un match de foot Algérie-Égypte, il gronde : « Nous nous réjouissons que les musulmans soient heureux du match sauf que, quand après ils déferlent à 15 000 ou à 20 000 sur la Canebière, il n'y a que le drapeau algérien et il n'y a pas le drapeau français. Cela ne nous plaît pas. » On a entendu aussi le « tant qu'ils se tuent entre eux » à propos d'un énième gamin de cité fauché par un règlement de comptes. Après plus de 280 morts par règlements de comptes dans sa ville, durant ses vingt ans de mandat, Jean-Claude Gaudin n'a jamais rencontré une mère endeuillée. Les quartiers nord, ces banlieues dans la ville et non autour, ne sont pas son fief. Il y coupe parfois quelques rubans à l'achèvement d'une nouvelle résidence fermée ou y visite les élèves d'écoles confessionnelles. Rien n'est de sa faute. « La sécurité est une question régalienne », explique-t-il, comme si le problème n'était que policier.

La gouvernance Gaudin tient en deux mots : le « peucherisme » et l'antiparisianisme.

Le « peucherisme » – *peuchère* désigne le « pauvre » en provençal – est le misérabilisme brandi en bouclier par les élus locaux. « Rien n'est facile dans cette ville », répète Gaudin en boucle. Et sur le chemin de croix du sénateur-maire, il faut des bourreaux, les Parisiens. Ce sont forcément eux qui entravent le fonctionnement particulier de cette ville « pas pareille ».

Pourtant, rares sont les projets aboutis sans avoir été portés par l'État. Cela ne l'empêche pas de s'en attribuer la paternité. Le très réussi Musée des civilisations de l'Europe et de la Méditerranée (MuCEM), sculpté par le soleil à l'entrée du port, il n'en voulait pas. Qu'à cela ne tienne, il en a fait le symbole du renouveau de la ville sur toutes ses affiches.

De même a-t-il su s'approprier l'idée de « Marseille, capitale européenne de la culture », un projet soutenu par le monde économique et les collectivités locales. Au grand désarroi des initiateurs, les moindres fifres de quartier et la moindre sauterie municipale se sont vus frappés du logo de la manifestation : « On ne pouvait tout de même pas se permettre d'attaquer le maire de

Marseille en justice », explique un ancien responsable juridique du projet.

Tour de passe-passe équivalent avec le stade Vélodrome. Celui pour qui le football reste un mystère est parvenu à bâtir, coup sur coup, deux stades avec un seul. En 1998, le Vélodrome est rénové à grands frais avant la Coupe du monde de football. Problème : conçu comme une « coque de navire posée sur des cales », il pâtit du mistral qui emporte les chants des tribunes. Seize ans plus tard donc, nouveau chantier : un dôme pharaonique est posé sur la « coque de navire ». « Ah ! Si on m'avait dit ! » se lamente Gaudin qui, devenu maire d'une ville de cent onze villages, joue l'élu hyperlocal, le petit Jean-Claude du quartier de Mazargues.

Aux villages, il n'y est pourtant pas souvent, le sénateur-maire. Parce que sénateur, c'est à Paris que ça se passe, trois jours d'affilée, et là, il est très assidu. Pour faciliter sa fonction de maire et faire avancer les dossiers, « il faut être parlementaire pour choper les ministres », explique-t-il. Il faut aussi maintenir la petite pression nécessaire au fonctionnement de la machine politique.

Gaudin est un parfait mécano de cette machinerie. D'abord grâce à sa mémoire exceptionnelle. « Il se souvient des scores à Marseille, bureau par bureau, depuis des décennies. Il se souvient aussi parfaitement de qui a fait quoi, que ce soit avec ou contre lui », note Michel Samson, ancien correspondant du *Monde* à Marseille, qui le suit depuis plus de trente ans.

Cette parfaite connaissance lui a valu, en 1981, en plein déclin de la droite, d'être porté à la présidence du groupe UDF à l'Assemblée nationale. C'est pendant cette période que son accent se durcit. Il se met à traîner sur des prononciations marseillaises. Il se montre ringard juste ce qu'il faut. Il a reçu chez lui, à Mazargues, Giscard d'Estaing qu'il admire et imite. Il reçoit Chirac avec une bonne bouillabaisse maison. La politique de Gaudin est faite de bonne chère et de chaire. Un banquet, une hostie et au lit…

Et puis, à la capitale, on a bien besoin d'un Marseillais, d'un roublard qui fiche ses oxymores dans la suffisance parisienne. En 1995, tout juste élu nouveau maire des villages marseillais, il accède au ministère de la Ville dans le gouvernement Juppé II, et choisit pour directrice de cabinet Clara Lejeune-Gaymard, fille du fondateur du mouvement anti-avortement Laissez-les vivre. Une femme pour le moins proche de l'Opus Dei.

Sa science de l'élection est recherchée. Sa longue présidence aux investitures UDF, puis UMP, fait de lui un homme précieux et redouté par les siens. Aujourd'hui encore, Hubert Falco, l'actuel maire de Toulon passé par les gouvernements Raffarin et Fillon, lui demande conseil tous les dimanches soir au téléphone. Et François Baroin, que Gaudin appelle « le petit François », recueille régulièrement son avis.

Ses adversaires ont beau jeu de dénoncer son statut d'oracle. « Gaudin n'a jamais eu l'ombre d'une idée. Il sait jouer du piano de façon harmonieuse, mais il n'écrit pas la partition », assure Philippe San Marco. Fidèle du sénateur-maire, son premier adjoint à la Ville, Dominique Tian, ne contredit pas le propos : dans la dernière semaine de campagne des municipales, il n'a cessé de répéter de son accent « jambon supérieur » : « Pourquoi avoir un programme ? On a Gaudin. »

C'est que Marseille ne se développe que dans le sillage de l'État et des grands groupes, là où se trouve l'argent. Et ces patrons, ces notables « jambons », ces fonctionnaires dévoués, on les retrouve tous – ou presque – sur la liste des grands électeurs pour les élections sénatoriales. Une liste à l'allure de petit bestiaire du clientélisme.

« Gaudin est clientéliste par vocation et fonction », a pu constater Michel Samson, l'ancien correspondant du *Monde*. « Il est d'un clientélisme bourgeois », précise Michel Pezet, l'ancien dauphin de Defferre. « Il y a aussi cette constellation de sociétés publiques et semi-publiques où, pour les remercier, des gens ont été placés à seule fin électorale », poursuit Philippe San Marco.

À Marseille, les terrains de la Ville font une bonne monnaie d'échange. « Ici, pas de politique foncière, on vend les derniers bijoux de famille au mieux donnant », se désespère Jean Canton, directeur des services d'urbanisme de Jean-Claude Gaudin de 2001 à 2008, qui reste effaré d'avoir vu « des officines où se succédaient les promoteurs pour bricoler des projets » en dehors de toute délibération. Au final, une ville qui s'aseptise quartier par quartier, comme celui du Rouet, des résidences aux rues souvent privatisées qui poussent un peu partout, de hauts murs vidéosurveillés. « Si on s'occupe des permis de construire et du logement social, on est capable d'encadrer tout le système », estime Jean Canton.

Le sénateur-maire le répète toujours et toujours : « Moi, je n'ai pas d'affaires. » Sous-entendu judiciaires. Oui, mais… « Jean-Claude Gaudin est un personnage difficilement lisible », glisse en langage feutré un magistrat de la chambre régionale des comptes qui a examiné les dossiers municipaux. Le partenariat public-privé du stade Vélodrome est lourdement critiqué, des arrangements douteux autour de la construction de l'inutile grande patinoire font l'objet d'une ouverture d'information au parquet. La structure paramunicipale Marseille Aménagement est dans le viseur de la justice. Un outil public ne peut avoir comme seul intérêt que la « promotion immobilière », dénonce Philippe San Marco, démissionnaire de la présidence de cette structure après s'être longtemps heurté à l'impossibilité d'y mener des réformes.

En son temps, l'ancien maire de Marseille, Gaston Defferre, avait assuré son emprise en distribuant emplois municipaux et logements sociaux. C'est lui qui, peu à peu, a fracturé la ville en deux parties : au sud la bourgeoisie, au nord les « quartiers ». Pour tenir l'ensemble, Defferre a favorisé l'hégémonie du syndicat Force ouvrière tout en l'utilisant comme « une arme de guerre pour faire chier le PC », résume Philippe San Marco. Defferre, l'ancien résistant, avait un journal, des contacts dans les mutuelles, les caisses de retraite et les coopératives. Il puisait un électorat fidèle dans ces classes moyennes.

Gaudin a eu du mal à s'attirer cette clientèle. Il n'a pas pris la ville les armes à la main. Il a un clan, mais pas d'armée. À son arrivée à la mairie, Force ouvrière prend son indépendance et sa part à la fois dans la gestion municipale et le clientélisme. Gaudin s'incline. On parle depuis de cogestion. Pierre Godard, le mari de Yamina Benchenni, ancien éboueur CFDT, toujours syndicaliste FSU (Fédération syndicale unitaire), qui a lutté contre l'hégémonie de FO, raconte l'explication que lui a fournie le maire en 2001 : « J'ai besoin de FO plus globalement, comme médiation vers les couches moyennes, le salariat des PTT, de la Sécurité sociale, les employés en général. Je n'ai pas les autres outils que Defferre, lui, maîtrisait. Cette particularité unique marseillaise qu'est la cogestion donne à FO un droit de regard et un droit de nomination dans tous les gros dossiers municipaux. »

Un exemple, un seul, parmi la liste infinie des conséquences de cette cogestion : celui du centre hospitalier de Marseille, l'AP-HM, le troisième centre hospitalier universitaire (CHU) de France. Dans un rapport de 2014, l'Inspection générale des affaires sociales note ceci : « La bonne distance entre la mairie et les instances de l'AP-HM n'est toujours pas trouvée. » Elle émet également une recommandation : « Il convient de mettre fin à la situation réservée à une organisation syndicale [...] fût-elle majoritaire, et de la considérer comme les autres [...] en évitant de lui laisser son rôle traditionnel de "conseil" en recrutement. »

Jean-Claude Gaudin a-t-il lu le rapport de l'Inspection générale des affaires sociales ? Peu avant le premier tour des dernières municipales, le syndicat FO lui a remis une carte de membre d'honneur... Brevet de l'intrigant autant que du méritant.

Le 20 octobre 2015, le bureau de l'adjoint de Jean-Claude Gaudin à l'État civil, Daniel Sperling, a été perquisitionné. La justice soupçonne l'existence d'emplois fictifs en lien avec l'Assistance publique des hôpitaux de Marseille. L'enquête doit vérifier la nature du poste de « chargé de mission auprès du directeur général adjoint de l'AP-HM, coordonnateur des Écoles et de l'Institut de formation de santé » que Daniel Sperling occupe depuis 2007.

Ainsi fonctionne Marseille où M. Gaudin délègue presque tout : la gestion de ses employés municipaux à FO, les écoles au privé, la voirie aux résidences, ses erreurs aux Parisiens, ses décisions à Mgr Coffy, l'urbanisme aux promoteurs, le développement économique aux zones franches urbaines… Son mantra : les impôts et la réglementation sont le problème.

Le mythe persistant de « Marseille la rebelle » sert à masquer le clientélisme structurel de la ville. Ce système féodal et népotique se confond avec celui mis en place à l'échelle du département par Jean-Noël Guérini, président du conseil général et compère de Gaudin au Sénat dans le groupe d'amitié France-Saint-Siège. Deux grenouilles dans un même bénitier, qui ont fait la pluie et le beau temps dans les familles politiques marseillaises.

Ce qui suscite le respect. « Guérini a le sens de la famille », note le député européen Jean Roatta. « Gaudin, c'est le maître de Marseille », l'ennoblit José Allégrini, désormais médiateur judiciaire pour la mairie. « Le maître », peut-être, mais l'ancien bâtonnier de la ville le sent « fragile » : « Il est le fils unique de deux enfants uniques, il est un bout. La seule chose qui puisse prolonger sa vie est sa foi, et je lui souhaite de ne jamais être habité par le doute. »

Le dimanche, après un bon repas, Jean-Claude Gaudin digère en zappant devant des séries télé. Quand il pique du nez, personne n'éteint le poste. Homme politique à 95 %, le reste n'est qu'intimité.

X
Usual suspects

Après dix-sept ans de règne sur le département des Bouches-du-Rhône, le président du conseil général, Jean-Noël Guérini, va désormais goûter le désintérêt des autres. Au terme de ce long mandat, et maintenant qu'il n'a plus rien à distribuer, il va enfin pouvoir compter ses vrais amis. S'il peut encore espérer sortir indemne de son procès programmé en 2016, il n'en demeurera pas moins dans l'histoire marseillaise de ces élus aimant jouer avec la morale politique. Ceux que la mémoire populaire dépeint en voyous de la politique ou en politiques ayant fricoté avec les voyous. Marseille a déjà gravé sa légende dans le marbre quand il n'est encore qu'un justiciable ordinaire, présumé innocent.

Son histoire récente s'étale donc en saga pagnolesque dans la presse, locale et nationale, qui y trouve un divertissement exotique tant l'homme n'a ni l'étoffe ni l'apparence d'un héros, même crapuleux. Pour le juge Duchaine, il est question « de prise illégale d'intérêts, de complicité d'obstacle à la manifestation de la vérité, de trafic d'influence et d'association de malfaiteurs en vue de trafic d'influence et recel de ce trafic ». Tout est parti, en 2008, d'une lettre anonyme, bien documentée, qui balançait de manière circonstanciée le « système Guérini ». La plume d'un connaisseur, voire d'un complice déçu. On n'est jamais trahi que par les siens… Le corbeau affirmait que le frère de Jean-Noël Guérini, Alexandre, appelé depuis longtemps « Monsieur Frère », s'en mettait plein les comptes bancaires en détournant des marchés publics *via*, notamment, des entreprises notoirement liées à de grands bandits courant les salons politico-économiques de la région marseillaise.

Une note de synthèse de trente-trois pages rédigée par les enquêteurs de la douane judiciaire, portant sur le « rôle joué par le président du département des Bouches-du-Rhône dans le schéma de fraude mis en place par son frère », se montre sans équivoque. « C'est bien grâce aux interventions répétées de Jean-Noël Guérini qu'un véritable système mafieux a été mis en place par Alexandre Guérini au profit du clan Barresi. » Les frères Barresi sont de célèbres bandits très puissants dans la région PACA, en relation avec les frères Campanella également très connus. À eux tous, ils cumulent : extorsion de fonds, braquages, trafics de stupéfiants, détournements en tous genres… Ils se branchent sur tout ce qui brasse du fric, l'Olympique de Marseille, le port maritime, l'immobilier, la sécurité, le BTP ou encore la gestion des déchets… Régulièrement traduits devant une cour d'assises ou un tribunal correctionnel, ils se font discrets entre deux jusqu'au prochain étalage de leur carrière en place publique. À ce moment-là, on ne parle que d'eux, tant et si bien qu'il existe une littérature abondante à propos de la vie de ces héritiers de la French Connection.

Paradoxalement, il n'existe encore rien d'équivalent à propos de Jean-Noël Guérini, pourtant personnage public, dont l'ascension constitue une véritable anomalie. Curieuse figure, en effet, que celle de ce petit homme trouillard aux propos laborieux sans faconde mais si singulièrement persuasifs, soucieux de satisfaire ses innombrables manies. Il aura accompagné bien des vieux spécimens du socialisme périmé. Tous sont encore en place et tous lui doivent quelque chose. Jean-Noël manie tant le compromis, nécessaire en politique, que le renoncement… tout aussi nécessaire parfois ! Avec lui, tout s'est toujours fait dans l'intimité affairiste, hors du théâtre politique. Jean-Noël se savait démuni d'un quelconque charisme ou de toute facilité oratoire. Ses prises de parole ? Des figures de style. Les discours de Jean-Noël Guérini semblaient improvisés. Avec sa diction pénible, il finissait toujours par perdre l'esprit du message pour n'asséner finalement que des avertissements ou des anathèmes politicards. Charismatique !… Assurément, non… Brillant et novateur ?… Son entourage, oui… Mécanicien politique ? Voilà ! Car la manœuvre politicienne est sa compétence principale. À lui les tractations, à son frère les pressions. L'un porté par la vanité de la gloire, l'autre par l'âpreté du fric. Leur système s'est construit en trois temps : clientélisme, affairisme, banditisme. Un schéma qu'il a trouvé clé en main au Panier.

Le quartier du Panier de l'enfance des Guérini était tissé d'entraide et de faits divers. Premier lieu de misère abordé par les nouveaux arrivants. À partir des années 1920, quand on était Corse, on s'implantait là. Celui qui fit du Panier un quartier corse s'appelait

Simon Sabiani, un natif de Casamaccioli, en Haute-Corse. À l'époque, l'empire colonial français dispersait les Corses dans ses territoires où ils devenaient fonctionnaires. Seuls les Corses acceptaient ces vies difficiles et dangereuses loin de leur île. Ces réseaux coloniaux générèrent toutes sortes de trafics passant par Marseille, devenue leur plaque tournante. Simon Sabiani, au parcours également sinueux, est un peu le père de la French Connection. Du PCF à la SFIO pour finir en lecteur assidu du *Mein Kampf* d'Hitler, le bras levé à tout bout de champ avec ses bandits de compagnons. Sabiani mit aussi en place le clientélisme pour atténuer la misère des insulaires immigrés autour du Vieux-Port. Déjà, des emplois fictifs municipaux et des logements sociaux étaient attribués en fonction de l'accent du demandeur. Jean-Noël Guérini, lui aussi né à Calenzana, possède d'ailleurs cet accent. « C'est essstraordinaire ! » Il n'y a pas de *x* dans l'alphabet corse.

Après la guerre, ce clientélisme de taille artisanale sur fond d'entraide entre insulaires, organisé par Sabiani, sera étendu à grande échelle par Defferre. Et tant pis si le premier bénéficiaire, sanglé dans son costume blanc, était un collabo de Vichy revenu de Sigmaringen où il s'était réfugié en 1945 avec Pétain. Lui et Defferre, l'austère et authentique résistant, avaient au moins la haine du communiste en commun. Le système a perduré, et Gaudin, par faiblesse, laissera ce clientélisme dicter toutes ses décisions. En ce sens, Jean-Noël Guérini a montré plus de poigne, car ce clientélisme devait d'abord être à son service. Une fermeté bien masquée sous son air simplet.

Son père et son grand-père, coiffeur et agriculteur, mais pauvres, et son oncle, Jean-François, arrivés de

Calenzana en 1956, bénéficièrent des réseaux Sabiani et se firent les gardiens rigoureux du Panier. L'oncle, conseiller général SFIO du Panier, se voyait attribuer par Defferre la présidence de l'office HLM de Marseille et y faisait entrer son frère et le fils de celui-ci, Jean-Noël, alors âgé de 18 ans. Lui n'avait connu, enfant, que le Panier et les Catalans (7e arrondissement), de l'autre côté du Vieux-Port. Ne parlant que le corse, l'enfant avait d'abord grandi dans la crainte. Son adolescence s'était faite de politique et de petites affaires, d'arrangements et d'intrigues de coin de rue. Entré aux Jeunesses socialistes puis à Force ouvrière comme délégué syndical, il allait demeurer longtemps dans l'ombre de son nom de famille, Guérini.

« Jean-Noël était un petit mec sans formation, sans culture, adjoint technique d'un office HLM présidé par son oncle, mais il était détenteur d'une marque qui compte dans un système clos, le nom Guérini », soupire Philippe San Marco, l'un des premiers à s'alerter des agissements de celui qu'il a vu grandir au sein de la famille socialiste.

Sur ce canton des Grands-Carmes, alors le plus petit de France, on gagne en s'appelant Guérini. Déjà, des années 1930 aux années 1960, les frères Guérini, Antoine et Barthélémy, dit « Mémé », avaient régné sur Marseille depuis le Panier. Une pègre organisée, plus ou moins en cheville avec Gaston Defferre qui savait s'en débarrasser avant que les problèmes ne deviennent insurmontables. Et Defferre embarqua Jean-Noël dans son équipe pour son seul patronyme. Le garçon ne prenait pas souvent la parole en public, mais distribuait activement des tracts, « si l'on considère que des billets de 50 francs étaient des tracts », se souvient un collaborateur d'alors.

Curieusement, au fur et à mesure que le Panier se vide de ses premiers habitants, mieux logés ailleurs, le nombre d'inscrits sur les listes électorales demeure stable. On vote toujours Guérini. La logique veut qu'aucune politique de restructuration urbaine de ce quartier particulièrement paupérisé n'aboutisse donc jamais. « Tu fais des électeurs nouveaux avec des rénovations urbaines, tu fais des bac +, c'est les plus chiants pour eux », explique Philippe San Marco, qui s'y est cassé les dents pendant ses années avec Defferre.

Lui se souvient de l'arrivée de Guérini auprès de Defferre en 1977 au conseil municipal : « Il était le benjamin et faisait l'appel en début de séance. Gaston ne le supportait pas, il ne le regardait même pas. » Il n'a pas changé, Jean-Noël, avec sa voix nasillarde, ses yeux écarquillés et ce sourire qui, seul, trahit son état d'esprit tour à tour détendu, fier, inquiet, rageur ou méchant. Durant les années Defferre, il avait le sourire acrimonieux. Une aigreur qui allait nourrir sa vengeance, lui qu'on appelait ouvertement « le Crétin du Panier ».

Si bien qu'en 1986, lorsque le jeune Michel Pezet se mesurait au vieux Gaston Defferre, Jean-Noël choisissait le moderne. « Gaston meurt, c'est le bordel au conseil municipal », résume Philippe San Marco. Dans la cacophonie politique, un chirurgien, Robert-Paul Vigouroux, dissident socialiste, remporte la mairie en raflant les huit secteurs de la ville. Vigouroux a beau avoir épuré les listes électorales des noms d'amis à récompenser, Jean-Noël subsiste miraculeusement grâce à son patronyme. Il demeure conseiller municipal au milieu de trois survivants socialistes. Sa faiblesse fait sa force. Il se fond dans les courants ambiants tel un rémora, l'un de ces poissons ventouses qui lâche son requin pour s'agripper à un plus gros. Sa plus grosse prise sera, vers la fin des années 1990, un poids lourd socialiste du conseil général des Bouches-du-Rhône, François Bernardini, élu d'Istres, à l'ouest de Marseille. Là encore, Jean-Noël, au caractère inconsistant, sait se rendre invisible et minutieusement quelconque. À l'époque on lui colle un nouveau surnom, « Jean-Nono », qui ne le lâchera plus.

Depuis 1995, la mairie de Marseille est devenue une bastille imprenable pour les socialistes. Ses candidats fantoches s'entre-déchirent. Alors, Guérini et Bernardini partent à l'assaut du conseil général des Bouches-du-Rhône. À sa présidence somnole Lucien Weygand, président tranquille, amateur de parties de chasse et de parties de fesses, ni grand travailleur ni grand magouilleur. Il a déjà pris Jean-Noël comme rapporteur du budget, préférant voir ce poste important entre les mains du Crétin du Panier plutôt que d'un ambitieux.

Jean-Nono, si inoffensif… ? Sa stratégie.

En fait, l'homme est en cheville avec tout ce qui compte : loges, cellules, fédérations, sacristie, diocèse, évêché, œuvres bonnes et moins bonnes. Il possède un petit magot à distribuer en échange de fidélités. Car, depuis 1987, Jean-Noël Guérini préside l'OPAC, l'organisme HLM du conseil général dont son père était déjà salarié. Il a ravi la place à Philippe San Marco, petite vengeance mesquine contre Defferre. Et ceux qui n'adhéraient pas à son système en gardent le souvenir cuisant des bannis. Selon un ancien cadre de l'OPAC, « Il n'a eu de cesse de casser ce qui avait été placé par San Marco, tant au sein de l'office HLM qu'autour. Le frère de Jean-Noël, Alexandre, prend alors toute son importance en mettant en place dans l'OPAC sud des dispositifs pour donner des marchés à ses propres entreprises ou à celles de proches.» Ainsi, San Marco souhaitait doter le quartier des Flamants d'une régie. Cette cité du 14e arrondissement devant bénéficier d'une coûteuse rénovation, il était attendu des retombées économiques pour ses habitants. L'entretien des halls serait revenu aux femmes et celui des espaces extérieurs aux jeunes, tous rétribués dans le cadre de la régie de quartier. «Or, dès leur arrivée, les Guérini ont cassé le projet pour imposer leurs sociétés dans des marchés extérieurs», se souvient André Jollivet, ancien président du conseil régional PACA de l'Ordre des architectes, qui a travaillé sur le projet de réhabilitation des Flamants.

Tout est dans un habile casting. «Les Guérini s'entourent toujours de gens compétents et honnêtes sur lesquels ils garderont un fort ascendant. Le directeur général de l'OPAC, Jean-Jacques Cosi, se trouve à la solde des Guérini. Celui qui était l'ancien directeur financier de l'OPAC était perçu comme légitime à ce poste. Mais il a été choisi pour sa faiblesse. Car pris de la maladie du tiercé, il passait ses journées enfermé dans son bureau à jouer à toutes les courses, laissant toute latitude aux frères Guérini qui savaient le secouer s'il venait contester quelque chose», raconte un témoin de l'époque.

Jean-Noël veut briller. Très tôt, il note que ceux qu'il est de bon ton d'appeler les notables, aussi idiots soient-ils, sont bercés de louanges. Il en rêve lui aussi, mais ne se précipite pas. Au milieu des années 1980, il épouse une femme de la bourgeoisie, Martine Aelion, avocate spécialisée en droit public et en droit civil, et avec elle fréquente ce beau monde marseillais qui raille le petit Corse sympathique mais dénué des codes essentiels. « Et pendant qu'il passe pour un prolo en payant tout en argent liquide, ce que les bourgeois ne font jamais, pendant qu'on ricane de le voir enlever les bulles du champagne Ruinart à la petite cuillère pour y jeter un glaçon, lui leur fait beaucoup de bien, les aide jusqu'à se rendre doucement et discrètement indispensable, en accordant des passe-droits, en donnant des cadeaux », explique un membre de l'UMP locale qui lui non plus n'a « rien vu venir ». Avec l'OPAC, les Guérini se faisaient de nombreux « amis ».

Déjà, son frère Alexandre est aux affaires. Lui, c'est la terre, le Corse des montagnes, respectueux des gens courageux et l'ami des affairistes les plus en vogue. On redoute ses colères mais on l'embrasse dans l'espoir de faire carrière. Autre personnage clé, le chef du service en charge du patrimoine de l'OPAC, Gérard Lafont, surnommé « Lafont la caisse », marié à une nièce de Jean-Noël. Les marchés destinés aux entreprises passent par lui.

La rénovation de la cité des Flamants sera si incomplète, dans les années 1980, qu'il faudra la reprendre vingt ans plus tard. « Avec ce que l'on y a investi, le mètre carré aux Flamants a coûté 10 000 euros, comme pour un appartement bourgeois des quartiers riches », déplore André Jollivet, l'architecte qui portait le projet de réhabilitation sous la présidence de Philippe San Marco. L'argent était bien débloqué, mais les travaux de qualité douteuse, contrairement à ceux que faisait réaliser à la même époque Gérard Lafont dans sa propriété de la campagne aixoise. Sans permis de construire et sur un terrain inconstructible. À la fin des années 1980, il a été condamné à verser une pénalité importante de l'ordre de 500 000 francs (moins de

80 000 euros). Mais la démolition de la maison n'a pas été ordonnée, et il y vit toujours.

En 1998, tout s'emballe… La chance gagne les Guérini. D'abord au sein de la fédération socialiste des Bouches-du-Rhône que Jean-Noël va prendre en douceur tandis que l'on se bagarre ailleurs. Lucien Weygand et François Bernardini se disputent tellement la place qu'ils gonflent à outrance le nombre d'adhérents. Avec 16 000 cartes dans le département, ils menacent l'équilibre national du Parti socialiste. Au siège, rue de Solférino à Paris, la direction du parti suspend la procédure et nomme le duo Vauzelle-Guérini pour remettre de l'ordre. « Vauzelle comme d'habitude a été lâche, il s'est tiré en laissant le contrôle à Guérini », se lamente Philippe San Marco, soutien du PS de l'époque. Guérini y retrouve le fameux Théo Balalas, président historique de la commission des adhésions à la fédération PS des Bouches-du-Rhône. De 16 000 cartes, le nombre d'adhérents retombe à 6 000. La méthode est simple, comme une sorte de casting. San Marco l'expose : « Dans ma section des Lices, par exemple, on était soixante-dix et il nous faisait passer à quarante. Des socialistes historiques recevaient un courrier : "Cher camarade, j'ai le regret de t'informer que ta candidature au PS n'a pas été retenue." Par contre, le jour d'un vote interne, j'ai vu rappliquer Alexandre avec des types en costume gris, l'air un peu hagard, apparemment peu au fait de ce qu'ils venaient faire. Puis tous votaient pour imposer le candidat de Jean-Noël. Ensuite, on ne les revoyait plus. J'en rendais compte à François Hollande, alors premier secrétaire du Parti socialiste. Il l'appelait devant moi, j'entendais l'autre hurler de ne pas s'inquiéter et François m'assurait “c’est réglé”, en raccrochant. C’était réglé pour notre sort, en fait. Rien ne s’est passé pour remettre les choses dans l’ordre. Jospin était Premier ministre alors, je l’avais aussi averti. Il m’avait jeté un regard froid : “Pourquoi veux-tu que je m’occupe de la fédération des Bouches-du-Rhône ?” »

Tenir toutes les sections de la fédération permet de désigner tous les candidats. Et avoir tous les candidats vous place, de fait, à la tête de tous ceux qui sont élus. Qui, en l’occurrence, doivent tous leur place à Jean-Noël Guérini, lequel se retrouve, en 1998, à la tête du conseil général le plus riche de France. Jean-Nono use de son air abruti, son meilleur atout, pour manœuvrer sans contrainte. Le voilà qui sort du bois, le chef. Il restaure les dorures defferristes et passe à la feuille d’or les momies clientélistes. Il compte reproduire dans le département ce que Sabiani, son maître corse, a réalisé à Marseille. Quelques jours après sa prise de fonction, on l’attend au Festival international d’art lyrique d’Aix-en-Provence. Il ajuste sa cravate dans le reflet chromé d’un casque de sapeur-pompier posé sur une étagère de son grand bureau, non loin de sa collection de petites voitures. Il mâchonne les petits bonbons (ceux offerts à l’accueil du conseil général) qu’il aime tant, au point de veiller personnellement au renouvellement du marché.

Porté par son orgueil et une ambition infantile à rebours de ses capacités personnelles, Guérini en veut encore plus. La mairie pour se venger de Defferre qui ne daignait même pas le regarder. Désormais, il se pavane devant ses directeurs, souvent des techniciens compétents et diplômés. Jean-Noël recherche un plaisir sans égal, celui d’être courtisé par ceux qui le méprisaient. Et son frère, Alexandre, veut, lui, être riche et craint à la fois.

Commence toute une symphonie d'intrigues d'où émergent des personnalités opportunistes à l'intelligence pragmatique. « Il a salarié les deux tiers des secrétaires de section du PS et leurs enfants au conseil général », rappelle San Marco. Il a aussi fourni du travail aux deux enfants de Bernard Squarcini, préfet de police à partir de 2004. Les deux hommes s'étaient rencontrés dans la même clinique après de sérieux problèmes cardiaques. La femme du président de la chambre régionale des comptes intègre, elle aussi, l'une des directions du conseil général… Le président Guérini fréquente des policiers ou des préfets en vacances sur les mêmes terrains de golf au Maroc. Il fait le beau à la table de la Fiesta des Suds, le festival de musique à Marseille, qu'il subventionne, entouré du trésorier-payeur général, d'avocats, de chefs de service hospitaliers… Il est tellement gentil… Cela incite à fermer les yeux.

En fait, sous son air balourd, il perquisitionne avec astuce la pensée de ceux qu'il tient dans sa main. Jean-Noël n'est pas un marchand d'illusions. Il ne promet pas seulement, il tient : ses promesses comme leurs bénéficiaires. Et ceux-là acceptent leur besogne de couleuvres à avaler. Ils sont payés pour ça.

Pour manœuvrer tranquillement, il fallait que le « Bateau bleu », nom donné au bâtiment du conseil général, tienne bon. Et pour ça, Guérini a toujours su s'entourer de personnes compétentes. Son bilan tient la route : réduction de la fracture numérique dans les collèges, équipements médicaux de pointe dans les hôpitaux, régularisation des RMI puis des RSA, actions culturelles de grande ampleur… Même l'homme s'est bonifié, travaillant, avec la rage de l'autodidacte, tant ses discours que le fond de ses dossiers. Ainsi maîtrise-t-il son clientélisme au plus près.

Jean-Noël tient donc les gens et Alexandre tient les affaires. Une lettre anonyme qui leur vaudra bien des soucis judiciaires en détaille une parmi d'autres. En 2004, Alexandre veut acquérir un terrain près de La Ciotat pour y étendre la décharge voisine, celle du Mentaure. Or, une société immobilière exhibe un contrat de location inattendu qui va ralentir considérablement la procédure de vente. Alexandre se démène, gronde, ordonne, mais l'affaire s'éternise. Quand soudain, en 2006, le conseil général de son frère Jean-Noël acquiert le terrain, revendu dans la foulée à la société de son cadet, « Monsieur Frère ». Le conseil général a fait jouer son droit de préemption au titre de la « préservation des espaces naturels sensibles et des paysages ». La section de recherche de la gendarmerie trouve cela étonnant. Le juge d'instruction l'a désignée pour mener l'enquête au détriment de la police judiciaire. Trop de flics sont proches des Guérini. Lors d'une audition, Alexandre expliquera aux gendarmes que Jean-Noël n'a pas du tout cherché à l'aider mais qu'il fallait avant tout préserver une mignonne petite fleur blanche, le liseron duveteux, qui proliférait sur la décharge sauvage. Liseron duveteux qui, d'ailleurs, supporte toujours la décharge légale qui s'est généralisée sur le site. Jean-Noël n'a pas voulu aider son frère, assure-t-il, il a voulu sauver des fleurs.

Cette péripétie passée, fin 2006, Alexandre en veut encore, dans la perspective des élections municipales à venir. Le marché des ordures l'intéresse, il encourage donc Jean-Noël à prendre la mairie de Marseille pour accéder à la communauté urbaine Marseille Provence

Métropole (MPM) chargée de la gestion. Il rate son entrée à la mairie d'un cheveu. Alors, les frères fomentent un hold-up politique. Bien qu'en 2007 la majorité soit théoriquement acquise à la droite, la communauté urbaine Marseille Provence Métropole (MPM) bascule à gauche, et Eugène Caselli, un homme des Guérini, en est élu président. Au moment des fuites de la presse sur l'affaire de la décharge du Mentaure – qu'on appellera l'« affaire Guérini » – Renaud Muselier, le candidat UMP qui a vu lui échapper la présidence de MPM, jettera sur Eugène Caselli, lors d'une assemblée communautaire, le livre *Gomorra* traitant de la Camorra, la pègre italienne. Mais, au début de l'année 2015, les deux hommes, réconciliés, s'affichaient ensemble lors de la remise de la Légion d'honneur à Eugène. Car, hors la scène politique, les acteurs politiques sont des gens ordinaires. Même si pour Muselier le vol de sa présidence de la communauté urbaine MPM reste une arête en travers de la gorge. Cette présidence, les Guérini ont su se l'attribuer en 2007. Six élus théoriquement acquis à Muselier ont vendu leur âme aux Guérini. Trois d'entre eux ont obtenu des promesses de travaux sur leur commune. Pour les autres, on parle de contre-parties. D'argent. La justice pourrait s'intéresser à la construction et à la rénovation de collèges dans cette période. C'est par l'immobilier et le BTP que se font les affaires les plus opaques. Celles qui rapportent.

Les Guérini ont des amis dans le secteur. Ainsi, Alexandre et Philippe Avinent, directeur de Vinci Construction PACA et Languedoc-Roussillon. Leur amitié remonte à l'époque de l'OPAC. Fumeur de gros cigares premier choix, l'homme a souvent été mis en garde à vue mais sans suites judiciaires. En 2015, il fut même relaxé par la cour d'Appel d'Aix-en-Provence dans une affaire de favoritisme lors de l'attribution du marché de la cité judiciaire de Tarascon. En première instance, le tribunal lui avait infligé douze mois de prison avec sursis et 30 000 euros d'amende pour « recel d'atteinte à la liberté d'accès au marché public ».

Autre industriel d'envergure avec lequel Alexandre entretenait de bonnes relations : Henri Proglio, du moins au temps où il était patron de Veolia. Parce qu'après, l'amitié ça va, ça vient. En 1998, Proglio rachetait la société familiale des Guérini pour 33 millions d'euros réglés en deux chèques, l'un de 26,5 millions d'euros, l'autre de 6,5 millions d'euros. Au moment où Jean-Noël prenait les commandes du conseil général, la petite entreprise d'assainissement, montée par le père Guérini et surnommée la « pompe à merde », décrochait la plupart des marchés de l'OPAC sans même candidater. Alexandre déployait ses ambitions.

Convaincu d'avoir neutralisé tout le monde par l'enchevêtrement de systèmes clientélistes et affairistes, Alexandre Guérini s'est montré moins prudent. En 2009, dans une conversation téléphonique avec Henri Proglio, interceptée par les gendarmes, il critique vivement Michel Vauzelle pour son manque de coopération à propos d'un projet que le président de région refuse de financer pour des raisons politiques.

Michel Vauzelle est devenu président du conseil régional en 1995, avant la prise en main des élus socialistes par les frères Guérini. Alexandre explique à Proglio comment il contourne le problème. Il parle ici de Vauzelle :

« Ouais, ouais, mais je le savais que vous l'aviez vu, parce que Franck Dumontel, qui était son ancien directeur de cabinet, qui est un mec extraordinairement intelligent et très efficace, qui est actuellement le directeur de cabinet de Caselli, que Jean-Noël a mis pour être son directeur de cabinet, en vérité, c'est lui le patron, heu, c'est Franck qui est le vrai patron de la communauté urbaine de Marseille, et qui est notre, heu, notre ami intime, quoi. »

Après la publication de cette écoute dans *Le Journal du dimanche*, Franck Dumontel a été rapidement remercié par Eugène Caselli, ce dernier prenant là son indépendance.

Plus loin dans la discussion, Alexandre évoque les bruits rapportés par ses indicateurs selon lesquels la justice s'intéresse à lui : « Dites-moi, je vais vous écrire un mot ce week-end, comme ça vous le recevrez chez vous, et je vous expliquerai tout ce que, heu, tout ce que j'ai eu là comme petits soucis, là, et… »

Réponse d'Henri Proglio : « Écoutez-moi, Alexandre, quoi qu'il arrive, si je peux vous être de quelque utilité que ce soit dans quelque domaine que ce soit, je suis à vos côtés, hein ! »

Mais Henri Proglio, aussi fraternel soit-il, ne put pas grand-chose ensuite. Plusieurs gardes à vue, des auditions, des perquisitions rocambolesques… Alexandre se retrouvait en prison durant cinq mois pour éviter qu'il ne parle durant l'instruction. À sa sortie, il endossait son sac de randonneur pour se refaire une santé sur le GR20, le célèbre sentier de grande randonnée corse. Il est sportif, bon nageur et nage souvent en Corse avec un entraîneur du Cercle des nageurs de Marseille, un club de notables où l'on effectue à la fois des longueurs et des affaires. Alexandre se montre plutôt solitaire, par choix… Il ne souffre pas de solitude. Il y a toujours une place pour son 4 × 4 Hummer, et nombreux sont ceux qui, le jour d'une élection, ont vu un Glock, le flingue des voyous, dans sa poche revolver. Tant par tradition que par intimidation.

Avec tous ces ennuis judiciaires largement relayés dans la presse, Jean-Noël a la conviction d'être victime d'un guet-apens. Quand on achète la fidélité, aux premiers signes de faiblesse, les inféodés se rebiffent. Quelques critiques résonnent, la droite se tait, à l'exception de Renaud Muselier toujours furieux de s'être fait souffler la présidence de la communauté urbaine de Marseille Provence Métropole. « Un jour, Jean-Claude Gaudin, lors d'une réunion informelle, se permet de lui donner un conseil, raconte un témoin. Gaudin a grimacé, mis ses mains en avant comme pour bloquer quelque chose et a répété : "Renaud, pas de vague, pas de vague. Quand on monte au cocotier, il faut avoir le cul propre." La semaine suivante, la presse publiait les démêlés judiciaires de l'épouse de Muselier, Stéphanie Clément, bientôt mise en examen pour "recel d'atteinte à la liberté et l'égalité d'accès aux marchés publics" et "recel de prise illégale d'intérêt" dans une affaire de HLM à Marseille. » Dans la métropole phocéenne, chacun reste sous son cocotier ou assume les conséquences d'y grimper.

Arnaud Montebourg, début 2011, en pleine élection primaire du Parti socialiste, joue les pourfendeurs des systèmes Guérini en remettant à Martine Aubry, alors à la tête de la rue de Solférino, un rapport au contenu connu depuis longtemps. La note datée du 8 décembre 2010 raconte « un système de pression féodal reposant sur l'intimidation et la peur » et redoute « les dérives les plus graves dans l'usage de l'argent public ».

En 2013, Jean-Noël, à chaque apparition publique, affiche une expression de pénible concentration. Un flic à chaque bras, voilà un mariage avec la notoriété dont il ne veut pas. Pris d'une sauvage angoisse, il s'apprête à capituler quand son frère et sa femme parviennent à lui redonner confiance. Jean-Noël se goinfre alors de chocolat Toblerone, son péché mignon, et de litres de Coca, sa boisson favorite. Prêt à repartir à la guerre.

Les socialistes qui lui sont les moins redevables, Michel Pezet et Marie-Arlette Carlotti, alors secrétaire d'État, sont persuadés qu'il va tomber. Mais la chute imminente tarde à venir. Et puis, finalement, ce nouveau rôle de mauvais garçon ne lui déplaît pas tant que ça. Avec un blouson de cuir et une barbe rase, il s'offre une seconde jeunesse. Début 2014, il quitte le PS juste avant d'en être exclu, crée son propre parti, la Force du 13, qui lui permettra de garder son fauteuil de sénateur en racolant les suffrages de maires, en faisant apparaître le bas de laine promis.

Pour les élections départementales suivantes, ce clientélisme ne suffit pas puisque ce sont les citoyens qui votent et non plus les grands électeurs. Il faut un clientélisme de terrain, et son parti est trop petit, ses fidèles de moins en moins fidèles. L'UMP Martine Vassal devient alors la première femme présidente d'une institution qui n'avait jamais été aux mains de la droite, le conseil général des Bouches-du-Rhône. C'est d'ailleurs pour sauvegarder son indépendance que Martine Vassal a nommé des « guérinistes » à des postes clés. Des types grillés partout, donc heureux de se montrer fidèles pour conserver un bon poste, plutôt que des ambitieux prêts à toutes les trahisons. Des alliés informés des rouages nécessaires au bon fonctionnement d'une institution qui ne changera pas comme ça. « Les Guérini étaient à la solde des Campanella, Barresi et consorts, il ne faut pas se tromper », assure une source interne au conseil général. « Et le banditisme marseillais évolue sans cesse. Il s'adapte, sans trop faire de bruit, pour exploiter chaque nouvelle faille. »

Martine Vassal intéresse elle aussi la justice depuis que le parquet financier a ouvert, début 2015, au niveau national, une enquête préliminaire pour « favoritisme, prise illégale d'intérêts, complicité et recel » dans quatre marchés de la distribution de l'eau et de l'assainissement, conclus le 31 octobre 2013 par la communauté urbaine MPM.

Dès avril 2014, la chambre régionale des comptes de Provence-Alpes-Côte d'Azur soulignait un possible conflit d'intérêts après que ces marchés (quelque 3 milliards d'euros de chiffre d'affaires prévisionnel) avaient été passés entre la Société des eaux de Marseille (SEM, filiale à 100 % de Veolia) et la communauté de Marseille Provence Métropole. Ainsi la SEM allait gérer la distribution de l'eau dans dix-sept communes sur dix-huit et assurer l'assainissement des deux tiers des marchés. Or, les juges financiers de la Cour des comptes ont observé qu'en sa qualité de présidente de la commission « agglomération éco-responsable » de la métropole, Martine Vassal avait « une influence active sur l'adoption par le conseil de communauté de Marseille Provence Métropole des délibérations, y compris sur le choix du délégataire finalement retenu ». Par ailleurs, elle était trésorière depuis novembre 2012 du Conseil mondial de l'eau présidé par Loïc Fauchon, président de la Société des eaux de Marseille (SEM) et justement heureux signataire du fameux contrat de délégation de service public, celui à 3 milliards d'euros. Ses fonctions la conduisant à assister à toute la négociation, la chambre estime que Martine Vassal aurait dû « par prudence, s'abstenir de prendre part au processus ayant abouti à la décision d'attribuer la délégation de service public de l'eau à la SEM ». La défense de l'élue est simple : « Ce sont les services de Marseille Provence Métropole qui ont mené l'analyse et nous avons suivi leurs préconisations. »

Du temps de sa splendeur, Jean-Noël Guérini suivait également les préconisations de ces services. Lesquels savaient toujours faire les choix qui satisferaient leur patron. Depuis ses déboires, finalement plus médiatiques que judiciaires, on voit beaucoup Jean-Noël dans les églises… histoire de prendre Dieu et le peuple à témoin. Et si les deux frères font moins d'affaires dans le département, ils ont raflé des marchés du nettoiement, à Alger et à Londres. Les frères Guérini finiront peut-être un jour par être jugés. Alexandre pourrait alors prendre, en plus des lourdes charges pesant sur lui, celles de Jean-Noël. La famille et l'honneur, ça n'a pas de prix.

XI

Les bétonneurs

« Fucking bullshit ! » Lorsqu'en 2013, Michael Kimmelman, le journaliste spécialisé en urbanisme et en architecture du *New York Times* à qui je fais alors visiter la ville, découvre la résidence de luxe Prado Rivage – masse de béton à 10 000 euros le mètre carré érigée face à la mer et l'archipel du Frioul –, son jugement est sans détour : *« This is shit ! Awful ! »* Il préfère nettement la cité radieuse du Corbusier, vestige d'un Marseille beaucoup plus apprécié des amateurs d'architecture.

Le Prado Rivage, qu'un autre professionnel de l'urbanisme décrit comme du « plus pur style gréco-hospitalier », illustre la griffe de Jean-Claude Gaudin, le bétonneur. Dense, banal et moche. En vingt ans de règne, des quartiers entiers se sont transformés selon ces trois critères. D'autres quartiers, Le Rouet (8e arrondissement), La Capelette (10e) ressemblent à des villages Playmobil ; la ZAC des Catalans (7e), où la densification est poussée à l'extrême, est telle une énorme montagne incongrue de béton empiétant sur la voie publique.

Pourtant, il en est fier, notre bon vieux maire, de ses réalisations qu'il se plaît à énumérer dans un inventaire à la Prévert lors des séances de vœux de l'Agence d'urbanisme de l'agglo et de la Soleam, Société locale d'équipement et d'aménagement de l'aire marseillaise (mais sans jamais citer la communauté urbaine), devant un aréopage de grands promoteurs et constructeurs. Ceux qui aiment tant leur « maire philosophale », capable de transformer le béton en or. Et si Gaudin ne se rend jamais au prestigieux MIPIM de Cannes, le Marché international des professionnels de l'immobilier, carrefour des investisseurs et promoteurs qui décident, ensemble, du futur des villes, il ne néglige pas l'inauguration de certaines réalisations immobilières de ses quartiers marseillais. Par exemple, Collinéo, sur les hauts de Sainte-Marthe dans le 14e arrondissement : une opération de densification dont tous les aménageurs, y compris ceux de la Ville, savent pertinemment que ni les accès ni les aménagements n'ont été pensés et encore moins réalisés. Comme au Rouet, comme aux Catalans, comme à La Capelette…

« C'est une hérésie urbanistique, tout cela », tranche un urbaniste marseillais reconnu préférant demeurer anonyme. « Gaudin est très méchant quand on le chatouille sur sa politique immobilière. » Cette absence de politique d'aménagement suit pourtant une logique précise. « Jean-Claude Gaudin travaille à changer la population de Marseille en expropriant les gens par le prix : la gentrification est son objectif pour une ville qui troque son foncier à vocation économique pour le remplacer par des taxes foncières et d'habitation », analyse Christian Pellicani, ancien élu communiste à la Ville, acharné à revenir sur ces questions lors des conseils municipaux. Et, au passage, le maire ne manque pas, selon de nombreux élus d'opposition et d'acteurs du monde de l'immobilier, de « nourrir les amis » : promoteurs, grands constructeurs, architectes, et avocats conseillant tout ce monde-là.

Dans l'aire marseillaise, la majorité des réalisations reviennent à trois grands cabinets d'architectes, ceux de Roland Carta, MAP Architecture et Tangram. De grosses machines, fortes d'une soixantaine de collaborateurs chacune… Qui doivent donc beaucoup travailler pour vivre.

Et Jean-Claude Gaudin a ses chouchous. L'architecte Roland Carta, par exemple, dont il a chanté les louanges au cours de l'année 2013, rappelant volontiers que « le MuCEM, c'est aussi lui, ce n'est pas l'œuvre du seul Ricciotti ». Roland Carta est marié à la fille de Jean Chélini qui fut le mentor de Gaudin à l'époque de Defferre. « Avec Carta, tous les problèmes de permis de construire s'envolent », assure un concurrent moins chanceux. Autre favori du maire, Didier Rogeon, l'architecte qui s'est rendu coupable de la *« Fucking bullshit »* résidence du Prado, a largement contribué à défigurer Le Rouet (avec le cabinet Archimed), a participé au gâchis du stade Vélodrome, et « va faire du bifton avec les programmes immobiliers qui poussent tout autour », selon l'un de ses aimables confrères. En 2004, Didier Rogeon a reçu des mains du bon Gaudin la médaille de chevalier de la Légion d'honneur en présence de Renaud Donnedieu de Vabres, alors ministre de la Culture. À cette occasion, le maire a prononcé un discours sincèrement ému évoquant leur proximité de longue date. Didier Rogeon n'a jamais de soucis pour obtenir un permis de construire. Plus exactement, le maître d'œuvre qui l'embauche, car, normalement, un architecte n'intervient pas dans la délivrance du permis de construire. Sauf à Marseille.

Voici un élément clé du système Gaudin : le chantage aux permis de construire. Pour l'obtenir, il faut obtempérer. L'architecte, par sa position centrale, entre le maître d'ouvrage – qui commande le projet – et le maître d'œuvre – qui le réalise –, se doit d'être fidèle. Un architecte « banni du système Gaudin » explique : « Quand un promoteur demande un permis de construire à la Ville, la première interrogation est celle du nom de l'architecte. Il y a une liste de noms avec qui les choses se feront facilement. Hors liste, les services de la Ville chipoteront tellement à accorder le permis que le promoteur se séparera de l'architecte non désiré. » Voire indésirable.

Pourquoi tant d'efforts à sélectionner l'architecte ? « Ce dernier fournira discrètement au promoteur toutes les informations pour que la réponse à l'appel d'offres soit réalisée au plus près des besoins, donc que son projet soit choisi. » De la distorsion de concurrence, totalement indétectable. Car sur le papier, tout est légal.

« Dès le début, les dés sont pipés », souligne André Jollivet, président du conseil régional PACA de l'Ordre des architectes de 1998 à 2007, qui a siégé dans plus de deux cents commissions d'appel d'offres. Ces commissions sont constituées d'un tiers de techniciens (architectes, maîtres d'œuvre) et de deux tiers d'élus. Il peut s'y dérouler des scènes cocasses. « Parfois lors des présentations de projets, les types dorment… Mais vraiment ! Et au moment des votes, le président de la commission insiste sur un projet : “Équipe Dupond, pour le projet B ! Qui les choisit ?” Et là, ça se réveille en levant la main… Moi !… En sortant ils te disent : “J'applique les consignes.” » Le vainqueur sera celui qui a le bon architecte, parfaitement renseigné par le maître d'ouvrage… Tout se fait « à côté », suivant des « règles non écrites ». « Jean-Claude Gaudin favorise un certain nombre de gens au travers de procédures légales », résume Christian Pellicani. Pas toujours légales, cependant. Axa Reim France, investisseur dans le projet de l'Hôtel-Dieu, a été condamné par le tribunal administratif en 2013 à rendre les subventions municipales déclarées indûment perçues en 2012 : 2,4 millions d'euros. Le bailleur de fonds obtenait de la mairie, à un prix plus que raisonnable, un chantier de réhabilitation à des fins privées, et se voyait, de plus, généreusement subventionné pour le faire…

Logiquement, le plan local d'urbanisme (PLU) a pour vocation d'empêcher ces hérésies urbanistiques. En effet, si le marché privé reste opaque, sans règles ni commissions, les projets doivent respecter, en théorie, un certain nombre d'obligations administratives (hauteurs, usages, densité, cadre de vie, etc.). Or, selon Christian Pellicani, « de délibération en délibération, on arrive à la dénaturation du projet de départ », telle une poupée russe découverte après une autre. Ainsi, dans le 7e arrondissement, le terrain de foot du stade Tasso est désormais enserré de grands immeubles apparus au cours du projet. De même, on a su trouver quelque 2 000 mètres carrés pour l'implantation d'un Carrefour Market mais le centre social, lui, a disparu… « Les élus de la majorité municipale se comportent plus comme des agents immobiliers que comme des défenseurs de l'intérêt général », tonne l'élu communiste qui n'hésite pas à évoquer des « confusions d'intérêts utilisant le cadre légal ».

Autre exemple : dans la zone d'aménagement concerté (ZAC) des Catalans, il était prévu que le promoteur, George V (CGIS/Vivendi), acquéreur du terrain municipal à bas prix, rétrocède une surface à la Ville pour la construction d'une maison de quartier. L'aménagement sur cette parcelle d'un centre d'animation, la Maison des jeux, a nécessité près de 400 000 euros d'investissement de la part de la mairie de secteur tenue, à l'époque, par le fidèle UMP Jean Roatta. Une rétrocession à 400 000 euros, autant d'économie pour le groupe George V. Dans le même temps, une place publique a été privatisée et la rue longeant la résidence privée s'est vue coiffée d'immeubles sur pilotis. Mais la mairie centrale a accordé le permis de construire sans sourciller.

Loin d'être « incapable », comme le martelait l'opposant socialiste Patrick Mennucci, l'administration Gaudin démontre une grande maîtrise dans le respect des documents d'urbanisme. Toujours selon la méthode des poupées russes, « la technique consiste à entamer des révisions partielles pour adapter le document administratif aux besoins du privé. Et tout cela dans le cadre du droit », décrypte Christian Pellicani. Un avocat spécialisé en droit de l'urbanisme précise le mécanisme : « Même si les révisions se passent désormais du côté de la communauté urbaine de Marseille, Gaudin y a gardé suffisamment de poids. La stratégie consiste à noyer la modification ciblée comme importante – par exemple la hauteur d'un bâtiment ou l'usage réservé à une parcelle – au milieu d'une somme de modifications dérisoires, si bien que la procédure étant réalisée dans l'urgence, rares sont ceux qui découvrent la réalité de l'objectif visé avant l'apparition des projets. » Ces projets sont toujours présentés aux habitants par un élu municipal flanqué de l'architecte, dans ce qui a tout l'air d'une « concertation », même si tout est déjà joué. « On obtiendra, au mieux, le changement de la couleur d'un crépi », hausse des épaules un riverain.

L'autre élément clé du système Gaudin repose sur l'attribution de terrains aux amis promoteurs. Même dans un programme d'urbanisme d'envergure comme Euroméditerranée, déclaré « opération d'intérêt national » par l'État, dans lequel la Ville n'a pas à intervenir. Autour du quartier d'Arenc, en bordure du port maritime, de petits propriétaires sont expropriés pour des montants sous-estimés sur ce qui est devenu la ZAC Cimed. En 2013, l'un d'eux s'est vu offrir 395 000 euros pour une surface de 550 mètres carrés, somme réévaluée par le juge des expropriations à 600 000 euros. Or, selon son avocat, « cet homme avait signé devant notaire une promesse de vente à un promoteur d'un montant de 1,4 million d'euros ». Le service des permis de construire de la mairie bloquait la transaction au motif qu'on ignorait encore ce qui serait édifié sur cette parcelle. Mais, juste après l'expropriation du propriétaire, la ville savait parfaitement quoi en faire et, pour cela, accordait son permis de construire au même promoteur. Le petit propriétaire s'était lui-même chargé d'expulser ses locataires commerciaux (garages, entrepôts), ce qui simplifiait les choses pour les arrangements entre gros.

Tout pittoresque qu'il soit, Jean-Claude Gaudin n'en est pas moins une bête politique aux choix libéraux clairs : pour Marseille, il a assuré la transition d'un capitalisme de PME vers celui de grands groupes. Avec pour visée principale ce que Jacques Boulesteix, l'ancien président du conseil de développement de la communauté urbaine MPM, théorise comme un « clientélisme vertical » à trois étages. Tout en haut, l'architecte débloque l'autorisation au promoteur juste en dessous, dont tous les salariés et ceux de ces sous-traitants bénéficient sur le terrain.

Tous les protagonistes, qu'ils soient entrepreneurs du BTP, équipes techniques, sous-traitants et leurs employés, ont intérêt à faire perdurer le système Gaudin. Les intéressés sont nombreux, et cet électoralisme semble plus performant que le clientélisme du pauvre d'une partie de la gauche locale, à coups de subventions aux associations, d'obtentions de logements HLM ou de petits boulots pour gratter quelques voix. De plus, qui dit nouveaux projets immobiliers, dit nouveaux habitants, sélectionnés par l'argent. Au clientélisme immédiat s'ajoute la sélection d'une clientèle politique de long terme. Depuis quatre mandats, la méthode Gaudin est béton. Il est vrai qu'il a su s'entourer de bons conseils.

L'avocat Roland Blum, maire de secteur UMP, s'avère par exemple être le conseil du célèbre agent immobilier Kaufman & Broad. Un lobbyiste acharné qui, lorsqu'il était encore député, déposa en 2009 une proposition de loi « contre les recours abusifs » à l'encontre des projets des promoteurs dans l'intérêt, soutenait-il, des citoyens. De mauvaises langues suggérèrent que c'était plutôt dans celui de ses clients. Son confrère, Me Yves Moraine, également maire UMP du secteur le plus riche de Marseille, est aussi avocat d'acteurs du BTP, à savoir les sociétés Dumez, Vinci ou encore Eiffage. En juin 2013, l'avocat-maire votait, en conseil communautaire, une rallonge de 24 millions d'euros au bénéfice du consortium de travaux publics qui a construit le tunnel Prado sud… Lequel consortium avait d'abord réclamé 80 millions d'euros d'avenant par la voie de son cabinet d'avocat, celui d'Yves Moraine… La voie judiciaire s'étant fermée, la voie politique l'a contournée.

Et les bons soldats ont droit au repos les pieds dans l'eau, face au Frioul, au soleil couchant…

Tout au long du littoral marseillais, des Catalans à la Pointe-Rouge, on peut observer que le domaine public maritime (DPM) ne s'applique pas à tous de manière équitable. Le droit dit que là où s'échouent les vagues, tout le monde peut aller. Mais pas au Cercle des nageurs, avantagé par la mairie pour une délégation de service public au parc Borély peu avant les élections municipales de 2014. Cette vieille habitude municipale de récompenser les amis fidèles. On traverse la plage des Catalans redevenue gratuite et accessible en 2004. Une parcelle récemment prolongée avec de lourds travaux devrait être privatisée pour l'été 2016. À côté, la superbe demeure de Solange Biaggi, adjointe au maire de longue date : une bâtisse surplombant la plage, dotée d'un joli jardin et d'une piscine creusée dans la roche. DPM ou pas, elle est là et on ne la détruit pas. Le sort en est tout autre pour l'hôtel Le Richelieu qui, un peu plus loin, devra détruire, sur demande de la mairie, une chambre ne respectant pas le domaine public maritime. Pour les mêmes raisons, le restaurant Le Petit Pavillon sera contraint de démolir sa plateforme débordant sur la mer.

Dans le pittoresque quartier de Malmousque, bains militaires (des plages qui appartiennent à l'armée) et bourgeoisie marseillaise font l'objet d'une bienveillance municipale presque touchante, comme l'hôtel le Pullman Palm Beach et sa plage privée attenante. À l'inverse et au bout de la jetée, au-delà de la

Pointe-Rouge, les cabanons populaires du Bain-des-Dames, bien que dûment acquis par leurs propriétaires avec des actes notariés, ont tous été évacués puis rasés. Quand juste à côté, le centre de thalassothérapie Le Grand Large chevauche le domaine public maritime. Mais son propriétaire, un certain Dominique Tian, est premier adjoint de Jean-Claude Gaudin.

*

Au fil des rapports accablants de la chambre régionale des comptes, Gaudin voit désormais se rapprocher la justice qui semble avoir trouvé une faille dans son clientélisme immobilier. De la bouche même de Brice Robin, le procureur de la République de Marseille, « une enquête préliminaire est en cours pour des infractions de trafic d'influence et de prise illégale d'intérêts ». Pas frontalement contre le vieux briscard, mais contre la société d'économie mixte Marseille Aménagement, bras armé de la Ville dans ses projets d'aménagement et de réhabilitation. Jean-Claude Gaudin en a été président, mais la justice s'intéresse à un ancien du groupe Bouygues, Charles Boumendil, son « directeur général omnipotent », comme le souligne la Cour des comptes dans un rapport sévère de janvier 2013, qui « investi des pouvoirs les plus étendus » a pu « exclure totalement le conseil d'administration du processus décisionnel », privant celui-ci « de toute utilité ».

Parmi toutes les réalisations urbanistiques de l'ère Gaudin, la plus farfelue reste le coûteux Palais des sports et de la glisse. Une patinoire géante et ses 8 millions d'euros de fonctionnement annuels, placée dans un quartier constamment embouteillé et dépourvu de transports en commun. Un fiasco qui pourrait être comique si cette ville, privée de toutes les infrastructures de base, n'assommait pas ses habitants d'impôts locaux faramineux. Par ailleurs, selon la Cour des comptes, la Ville a versé une somme « dix fois plus élevée que l'indemnité conventionnelle maximale » à l'ancien locataire des lieux pour qu'il libère le terrain… Cette histoire mérite d'être contée.

Le 10 septembre 2003, Marseille Aménagement rachetait à Réseau ferré de France la parcelle de la future patinoire pour 1,3 million d'euros. Mais un occupant, la société de nettoyage Laser Propreté, refuse de partir et va s'engluer dans un procès long de cinq années à propos d'une histoire de rupture de bail. Marseille Aménagement veut gagner du temps et propose au locataire 153 200 euros. La société Laser Propreté demande 4 millions d'euros. Plutôt que d'aller en justice, les deux parties font appel à l'arbitrage d'un expert immobilier. Dans son rapport d'août 2004, l'expert confirme – de façon « expéditive », notera la Cour des comptes – l'existence d'un bail commercial qui justifie l'importance de l'indemnité exigée par la société Laser Propreté. En réalité, le document sera signé dès le lendemain de la remise du rapport de l'expert immobilier, avec effet rétroactif. « Paradoxal », observeront les magistrats de la chambre régionale, d'autant que ce même bail sera résilié « à l'amiable », le 30 décembre 2004, moyennant le versement par Marseille Aménagement d'une indemnité de 2 millions d'euros.

Par ailleurs, un centre commercial, du nom de Bleu Capelette, doit être érigé face au Palais de la glisse, sur un terrain de quatre hectares vendu par Marseille Aménagement à un promoteur privé, la SCI Cap Est Loisirs, groupement de sociétés immobilières, présidée par Éric Lasery dont la famille est aussi propriétaire de la société Laser Propreté. Évidemment, le choix de Cap Est Loisirs s'est effectué sans mise en concurrence. Les Lasery ont donc tout gagné.

Sur ces points obscurs, le directeur général de Marseille Aménagement, Charles Boumendil, n'a pu donner aucune explication crédible à la chambre régionale des comptes. Il lui faudra être plus précis devant les enquêteurs de la police judiciaire de Marseille désormais saisis. Et que dévoilera le masque Boumendil ? Philippe San Marco, président du conseil d'administration de Marseille Aménagement de juin 2008 à mai 2009, a lui-même rédigé un rapport à destination de la chambre régionale des comptes. « Il serait trop facile de faire du directeur général un bouc émissaire alors qu'il ne peut s'agir que de la créature d'un système complexe. Comment se fait-il qu'un personnage secondaire ait pu ainsi vampiriser une société entière, échapper à tous les contrôles légaux et institutionnels ? » s'interrogeait-il alors. Ce même San Marco avait démissionné de son poste de président du CA devant les comportements de Charles Boumendil « dont le seul intérêt est la promotion immobilière ». Dans sa lettre de démission à l'attention du maire de Marseille, il dénonçait « l'accaparement d'un outil public par une personne privée qui en fait ce qu'elle veut », tout « en s'appuyant abusivement sur un canal direct avec Claude Bertrand ». Claude Bertrand étant l'éternel directeur de cabinet de Jean-Claude Gaudin. Celui dont on dit qu'il est le vrai maire de Marseille.

Une anecdote illustre le lien entre le directeur de cabinet du maire et le directeur général de Marseille Aménagement. Celui-ci se vit sommé d'augmenter le salaire du numéro deux de la structure, Jean-Yves Miaux, de 58 %, soit trois fois au-dessus de celui des autres cadres. La Cour des comptes constatera également cette anomalie relatée par Philippe San Marco dans son propre rapport. « Je peux témoigner que le directeur général m'affirma personnellement que cette mesure venait de lui être imposée par le directeur de cabinet du maire, du bureau duquel il venait de sortir déconfit. » « Un théâtre d'ombres », comme il le décrit lui-même, et dont Claude Bertrand est le metteur en scène. Or Bertrand, c'est Gaudin.

Face à tout le remue-ménage occasionné par la chambre régionale de la Cour des comptes, la société d'économie mixte Marseille Aménagement a été transformée en Soleam, pour Société locale d'équipement et d'aménagement de l'aire marseillaise, avec un nouveau découpage géographique d'intervention des plus fantasques, tracé à la va-vite en fonction des intérêts et des amitiés en place. Son directeur en est désormais Jean-Yves Miaux, l'ancien numéro deux dont le salaire avait fait un bond de 58 % pour aider à faire passer les couleuvres. D'ailleurs, il y poursuit l'interminable réhabilitation du centre-ville de Marseille. Une politique de rénovation urbaine menée depuis plus de quinze ans au prix de lourds investissements, mais qui n'a pas « atteint ses objectifs », juge le rapport de la Cour des comptes, pointant une gestion hasardeuse, des gaspillages et une inefficacité récurrente… Mais accuser l'inaptitude des autorités serait une erreur.

Un technicien impliqué dans cette politique de rénovation en détaille le fonctionnement et les dysfonctionnements : « Il y a un périmètre de restauration immobilière, un PRI, d'environ 100 hectares. Les dispositifs PRI sont subventionnés par les collectivités locales et l'Europe, mais surtout par l'État *via* l'Agence nationale pour la rénovation urbaine, l'ANRU. Il y a beaucoup de fric. Avec cet argent, soit Marseille Aménagement met en place un dispositif d'aide à la rénovation aux propriétaires privés, soit elle préempte l'habitat insalubre. C'est une procédure très longue qui passe par des arrêtés de péril et des mises en demeure de faire des travaux. Il faut au moins cinq ou six ans. Ensuite, Marseille Aménagement vend au prix du domaine, 150 euros le mètre carré, à des petits promoteurs et des SCI, les copains notables qui sont renseignés avant les autres. Ces nouveaux propriétaires bénéficient d'une défiscalisation de neuf ans, défiscalisation qui se prolonge dans le temps avec le prolongement d'un PRI. Quelques-uns font les travaux, la majorité se contente d'un cache-misère, et Marseille Aménagement ne constate rien de la réalisation ou non des travaux subventionnés. Les propriétaires se font ensuite marchands de sommeil et louent parfois des immeubles entiers, souvent à des sans-papiers qui font jouer l'entraide communautaire, ou à des gens qui bénéficient d'allocations familiales. Eux, entassés dans des immeubles insalubres, ne portent pas plainte quand des gros bras viennent réclamer les arriérés de loyers, de peur de se retrouver à la rue. Ils préfèrent avoir un toit troué que dormir dehors.

» Il n'y a pas que des marchands de sommeil cependant. Et il se fait de belles opérations parfois sur des immeubles entiers. Didier Rogeon, par exemple, l'architecte chouchou de Gaudin, en a acheté un à Marseille Aménagement pour presque rien, près de l'Hôtel-Dieu, et en a fait de magnifiques bureaux qui rapportent ou rapporteront. Il y a aussi des types qui font tout bien et mettent des étudiants ou des bobos dans les appartements en location. Au début, c'est cool, mais va vivre à Noailles toute l'année, les embrouilles, les bagarres, la drogue, la misère partout… Alors ils partent et les logements se dégradent à nouveau. Donc, à la clôture du dispositif, puisque ça n'a pas marché, Marseille Aménagement rachète tout comme au début de l'histoire, préempte. Et on recommence. »

Dans son rapport « La requalification du parc immobilier privé à Marseille », remis en mai 2015 à la ministre du Logement, Sylvia Pinel, Christian Nicol, l'inspecteur général honoraire de l'administration du développement durable, note que les dispositifs mis en place « ont eu un effet marginal sur le traitement de l'habitat indigne », notamment à cause de l'« insuffisante coordination des acteurs », de la « mauvaise utilisation de la boîte à outils de la lutte contre l'habitat indigne » et des « difficultés opérationnelles pour assurer le recyclage des îlots concentrant les situations les plus dures ». À Marseille, 40 000 logements privés, soit 13 % des résidences principales, sont potentiellement indignes, selon la définition du rapport de Christian Nicol.

Il note enfin que les « moyens humains et le savoir-faire sont insuffisants dans les différents services (Ville et État) » et qu'« aucune hiérarchisation commune de l'urgence n'a été définie face à l'ampleur du phénomène ».

Là encore, il ne faut pas mettre ça sur une quelconque incompétence. C'est une méthode. Une méthode politique.

*

Une telle politique n'a pas que des conséquences administratives. À Noailles, il n'y a pas que les immeubles qui pourrissent tranquillement. Certains habitants s'y suicident sous ordonnance. Pour ces types, être malade chronique n'a rien d'anormal. « C'est notre vie », résume un homme édenté tandis qu'un autre au visage gris-vert inspecte ses avant-bras criblés de piqûres de seringues. Lui s'injecte des médicaments depuis trop d'années pour en évaluer le nombre. « Les calculs, c'est pas mon truc. » Et puis, quand on n'a rien, pas besoin de savoir compter.

Un troisième est le plus dégourdi. Un Guadeloupéen qui se choisit en rigolant le nom de « Paco », « parce que j'ai vraiment pas la gueule à m'appeler Paco ». C'est lui qui se procure la came, juste à côté dans les rues du quartier Noailles. Il parle comme un docteur. Mais comme un docteur ivre, une cannette de bière premier prix, grande taille et alcoolisation maximale, greffée à la main gauche. Une 10/10, 50 cl d'alcool à 10 degrés pour moins de 1 euro. « Là j'te trouve de la Ritaline, juste en face, le grand nerveux avec la casquette, y te fourgue du Rohypnol, des fois y t'amène à un autre qu'a du Rivotril, et moi, mon truc c'est l'Artane et le Valium. » À l'énoncé de son ordonnance, ses pupilles s'écarquillent à en cacher la couleur noisette de ses grands yeux.

Tous les trois ont bien organisé leur autodestruction. Ils volent un peu, glanent des « merdouilles » à revendre à de moins pauvres qu'eux, parviennent parfois à intégrer pendant quelques jours un petit réseau de vendeurs à la sauvette de clopes ou de parfums. « Ça, c'est quand on est un peu clean et que les vendeurs habituels sont au trou ou en galère, précise l'édenté dans une rasade de bière râpeuse, parce que pour faire confiance à des estrasses comme nous, faut y aller. » Ce jour-là, le grisâtre est plutôt clean. « Mais quand il s'injecte sa Ritaline et s'envoie un pack de bière, il peut t'couper un bras », s'esclaffe Paco dans un rire communicatif.

La Ritaline est un peu la cocaïne du pauvre. À 2 euros le cachet, on peut se shooter pour trois fois rien pour peu qu'on endure les infections et les abcès, la sensation de manque qui t'arrache les boyaux, la redescente en chute libre qui engendre les crises de paranoïa et de violence ou encore la dégradation générale de sa santé et les pépins pulmonaires qui s'ensuivent. Quand il travaillait encore chez des grossistes de fringues à Belsunce, le grisâtre avait de jolies joues roses. Il l'assure en tout cas. Désormais, sa seule préoccupation est de trouver du Subutex, le produit de substitution des héroïnomanes, juste pour atténuer les effets dévastateurs de la Ritaline. « D'autres fois, je veux du Valium, mais là, c'est sûr, c'est du Subutex qu'y m'faut. » Ils sont tout à la fois chimistes et cobayes de leurs expériences d'autodestruction. Un lent et méticuleux suicide sous perfusions chimiques, qui constitue le principal sujet de leurs conversations, lorsqu'ils sont en mesure d'en tenir.

Le larcin et la sauvette ne sont pas leurs seules sources de revenus. Paco était légionnaire et touche une pension qui lui permet de se payer un taudis chez l'un des marchands de sommeil du quartier. « Un bouge aux escaliers qui tremblent. » Il y vit avec le grisâtre et l'édenté, un type doux comme un agneau quand il a seulement picolé, mais dangereux comme un scorpion quand il s'est piqué. « À trois, on s'entraide parfois », sourit Paco. Mais quand ils sont tous défoncés, ils se tapent sur la gueule. L'édenté s'est fait tordre le nez par « Gris-Vert », trois semaines plus tôt. « Avec un barreau de chaise, pour une histoire de seringue que j'lui rendais pas assez vite. »

Les seringues, elles sont assez faciles à trouver. Il suffit de connaître les associations qui les distribuent. Ensuite, il faut se procurer les produits. Petit à petit s'est installé à Noailles un réseau de trafics de benzodiazépines, tous ces médicaments qui prennent dans ce quartier une valeur commerciale. Des consommateurs débrouillards et plus lucides que ceux-là sont parvenus à structurer un réseau. L'idée est simple. En planquant devant les centres de santé, on repère les plus pauvres qui se font légalement prescrire ces médicaments. Le bouche-à-oreille les désigne rapidement comme proies. Ils se voient alors proposer un deal : du fric contre leurs cachets. Certains renoncent à leurs traitements pour gagner un peu d'argent, d'autres s'arrangent pour se faire augmenter les doses par un ou plusieurs médecins. À son tour, le réseau va refourguer le tout un peu plus cher. Tout le monde y trouvera son compte. « Le manque, y a rien de pire », rigole Paco.

Lui, son rêve, ça serait de trouver du crack. « J'en prenais à Paris, c'était parfait, mais ici y en a pas. » Alors, dans ce quartier, les médicaments remplacent la drogue. Une autre façon de se shooter à bas prix, en alternative à ces petits réseaux des cités où se fourgue une cocaïne *low cost*, parfois coupée à la lessive en poudre.

Dans la cité de la Busserine, un réseau s'est lancé dans la cocaïne injectable pour les usagers les plus précaires mais possédant encore suffisamment de moyens pour éviter le cocktail surdose de médicaments et alcool. Mais que Paco ne désespère pas, car le crack arrive à Marseille sous un autre nom. Des associations spécialisées ont constaté l'existence de *free base*. Le crack « *do it yourself* ». Une tambouille à base de cocaïne, d'ammoniaque et de bicarbonate qui se cristallise en petit caillou. Une sorte de résidu de cocaïne, mais surtout un concentré de problèmes graves pour ceux qui le fument, et pour ceux qui croisent ces fumeurs.

*

La misère des cités s'exploite aussi parfois sur fond de spéculation immobilière. La cité Kalliste, « la plus belle » en grec, mais surtout la plus pauvre et la plus dégradée de Marseille, où l'on fume l'un des pires shits de la ville, connaît des imbroglios administratifs et judiciaires d'une coupable absurdité.

Adossées à une colline, au soleil déclinant et dans l'ombre du bâtiment H, les villas individuelles standardisées de La Rose des Vents s'ouvrent sur de petits jardins encore en friche délimités par des murs en parpaings. Mourad, 11 ans, habite là depuis peu. Son père, maçon, a quitté la Simiane (14e), une cité un peu moins pauvre que Kalliste. Et Mourad se sent bien mieux au milieu de ces petites maisons individuelles, même s'il ne voit pas encore la mer de chez lui. « Oui, mais y vont le détruire le bâtiment », assure-t-il en pointant le H du doigt. De fait, les bâtiments B et H seront rasés sur les neuf immeubles de la cité Kalliste. Les sept autres seront rénovés. Une association, Agir ensemble pour la sauvegarde du parc Kalliste, s'est constituée. Léonard Stigliano, l'un de ses membres, dénonce la situation : « La copropriété a été menée dans un état de carence manifeste pour emmener à la destruction des bâtiments. » Deux décisions de justice lui donnent raison. Des propriétaires privés ainsi que Marseille Habitat, le logeur social de la Ville, possédant de nombreux appartements, ont été sommés de fermer les logements vides afin d'éviter les squats et les dégradations y afférentes.

En 2005, des fonds ont été levés pour rénover les deux immeubles B et H. Les copropriétaires apportaient 75 % des 270 000 euros nécessaires. Or intervinrent des changements successifs de syndics laissant présager une entourloupe jusqu'au dernier qui, par des manquements apparemment volontaires, semblait préparer le terrain pour un mauvais coup. Et soudain, en 2008, la ville de Marseille se lance seule dans des travaux de sécurité obligatoire avant la destruction des deux immeubles. Débute alors une série de filouteries : Marseille Habitat ne ferme pas les appartements dont elle a fait l'acquisition et les squatteurs dégradent et dégradent encore. En novembre 2012, la justice condamne le bailleur social de la Ville à près de 200 000 euros d'amende. Jugement de première instance confirmé en cour d'appel. Mais Marseille Habitat, jusque-là minoritaire dans le conseil syndical, parvient par de petits arrangements à s'entendre avec quelques copropriétaires endettés. Les voilà majoritaires, votant la non-exécution des condamnations judiciaires (à leur encontre !) et profitant de leurs pleins pouvoirs pour faire également voter l'exclusion de l'avocate qui leur avait mené la vie dure jusque-là.

Quant aux habitants des deux bâtiments, ils affirment être régulièrement encouragés à dégrader leur habitat par des gens assurant se présenter au nom de la mairie. Dans les cités, pour beaucoup, le salut ne peut venir que du départ. Partir pour un ailleurs forcément meilleur. Mais un tel choix relève du casse-tête pour nombre de petits propriétaires. « Ceux qui ont acheté dans les années fastes refusent de vendre à perte, ils sont otages de la situation », résume un habitant. Notamment les rapatriés d'Algérie qui avaient investi dans cette cité à la vue imprenable. La paupérisation gâche leur retraite.

Les envies de départ des uns attisent les spéculations des autres. Les marchands de sommeil louent à des prix exorbitants des taudis, comme dans beaucoup de copropriétés équivalentes de la ville. Et ces locataires-là lorgnent de leur fenêtre la résidence qui pousse derrière, Le Val aux Grives. Une série de soixante-quinze villas importantes agrippées à flanc de colline, toutes de parpaings gris plantés dans le calcaire, quelques-unes aux revêtements pastel jaune, rose ou orange sentant le neuf. La plus haute frôle une ligne à très haute tension que l'on entend vibrer. Normalement, elles ont toutes une vue sur la mer, mais souvent bouchée par la cité Kalliste.

« Pour avoir 190 mètres carrés à Marseille, c'est le seul moyen », explique Muzaffer, propriétaire de l'une de ces maisons les mieux placées. « Enfin, pour ceux qui finissent leur maison », soupire-t-il. Le terrain, déjà pas donné, nécessite de gros et coûteux travaux de terrassement. « C'est facile, les maisons qui sont finies sont celles des maçons. » Comme lui. Seulement une petite dizaine sur le tout.

Délia, 11 ans, rentre du collège. Auparavant, elle habitait la cité de la Castellane. Son père, commerçant, a économisé pour s'installer ici. « C'est mieux, il y a moins d'histoires. » Et puis, elle a une maison à elle.

Les voisins viennent d'horizons différents, une infirmière, des fonctionnaires et même un ingénieur. Pour l'école, ceux qui arrivent de cités, comme Délia, fréquentent celle de la cité d'à côté, La Solidarité. Les autres vont dans le privé ou près du bureau des parents. La mixité a ses limites. Et l'école maternelle et primaire de Kalliste va forcément pâtir de la démolition programmée des deux immeubles visés. Perspective angoissante pour son ancien directeur, Matar Gueye, qui l'affirme : « Quand les élèves travaillent bien, ils réussissent partout. » Avec quatre cents élèves, la tâche est ardue dans des « conditions sociales, culturelles et matérielles très dégradées », mais l'obstination et le travail des enseignants et des écoliers ont pourtant porté des fruits. La perspective de la double destruction signifie la fermeture de classes et la perte d'élèves. Une fragile dynamique cassée. Mais d'autres y trouveront bien leur compte. L'effondrement des bâtiments B et H laissera la place pour une route qui désenclavera l'autre versant de la colline. Aujourd'hui inconstructible, ce ne sera bientôt plus le cas. Les promoteurs attendent donc leur heure.

*

Si à Kalliste le monde de l'immobilier travaille à nettoyer le terrain en vendant de l'espoir – celui d'être relogé mieux ailleurs, dans d'autres cités de la ville –, d'autres font du business avec la peur. Les voyous, les officiels cette fois, ceux qui vont parfois en prison. Cité de la Busserine, dans le 14e arrondissement, au cœur des quartiers nord, des malfrats ont justement fait du label « quartiers nord » un moyen de faire du fric sur le dos de la rénovation urbaine. Avec toutes ces cités qui se dégradent depuis le lendemain où elles ont été construites à la va-vite, l'Agence nationale pour la rénovation urbaine (ANRU) a injecté fin 2012 un milliard d'euros pour réhabiliter quatorze sites prioritaires à l'horizon 2017. Il est plus facile d'investir dans le béton que dans l'humain, dans la rénovation urbaine que dans la rénovation sociale. Pas question de travailler à une meilleure mixité sociale, juste améliorer les conditions d'habitation des gens pauvres destinés à le rester et à rester là. Une meilleure qualité de vie, c'est toujours ça de pris. Dans le même temps, un vieux serpent de mer traverse la ville. Une autoroute urbaine, la L2, la demi-rocade de Marseille imaginée au XIXe siècle et dont le tracé date des années 1930. Elle aura l'intérêt d'essayer de désenclaver un peu les quartiers du nord de la ville et Bouygues s'est engagé à la livrer en 2018. Toutes ces grues dans les cités ont donné des idées à quelques voyous qui se sont spécialisés dans une activité vieille comme le banditisme : le racket. « La protection », préfère souvent dire les malfrats.

Depuis quelques années déjà, des sociétés de sécurité sont imposées dans certaines copropriétés, notamment dans la cité de la Simiane non loin de la Busserine, où des agents de sécurité, placés là après quelques pressions, gardaient toute la journée ce lieu où il n'y a rien à voler. En cheville avec le réseau de stups du coin, tenu par le frère du gérant de la société alors en place, les vigiles jouaient même les guetteurs sans en avoir l'air. Ils ne criaient pas « Arha ! » comme de vulgaires mains noires, mais se prévenaient de l'arrivée des flics par talkies-walkies. Les habitants de la Simiane subissaient le deal et en payaient la sécurité dans les charges mensuelles.

Il s'est joué un peu la même histoire à la Busserine, mais avec des victimes plus riches. Les entreprises de BTP. Dans la nuit du 26 au 27 janvier 2015, la plus grande foreuse d'Europe y était incendiée ainsi que deux pelleteuses. Plus d'un million d'euros de dégâts. Trois jours plus tard, Bouygues recevait le devis d'une société de gardiennage, TGI, proposant d'assurer la sécurité du chantier. Un type de la cité jouait les conseillers en expliquant qu'il valait mieux accepter l'offre puisqu'ils étaient derrière l'incendie et pouvaient recommencer. Bouygues portait plainte, chose rare dans le secteur du bâtiment, et l'enquête mettait au jour le petit réseau derrière tout ça. Cinq personnes. Un réseau aussi balourd qu'un règlement de comptes à la kalachnikov. Tout en force, sans réfléchir. Quelques jours avant l'incendie criminel, un autre bandit, plus subtil, avait négocié une protection, je dirais… à l'amiable. Ce type, je le connais depuis longtemps. Un mélange d'éducateur, de grand frère et de trafiquant d'armes. Car il fournit des armes aux minots des cités environnantes. « Je ne suis qu'un intermédiaire et je ne suis pas le seul. » Son vrai métier est éducateur dans la cité où il habite, beaucoup plus au nord. Un brave gars, assurent tous ceux qui le connaissent. Un jour, il y a plus de vingt ans, il a tué un homme, de colère, à main nue, et est allé en prison. Il y a rencontré du beau monde. Les voyous, « les vrais », insiste-t-il, appréciaient sa gentillesse et ses aides quotidiennes. « J'étais leur écrivain public, leur avocat. » Alors les bandits lui ont fait confiance. Et de retour dans sa cité après quelques années dans différentes centrales pénitentiaires, il s'est fait l'écrivain public de ces minots arrêtés toutes les semaines pour de plus ou moins bonnes raisons. Eux aussi lui font confiance. « Je fais tout pour qu'ils ne tombent pas du mauvais côté », assure-t-il en fermant les yeux devant la difficulté de la tâche. « On y arrive, pour la plupart. » Mais ceux qui tombent, il les enterre. « Quand ils ont besoin de "kalach", je m'en occupe. » Et il a du travail en cette fin d'année 2015. Tous les types qui se saluent, de loin, d'un mouvement de tête et d'un regard bien noir, chaque jour au cœur de la cité de la Busserine, vont probablement très bientôt se faire la guerre. Alors ils « s'équipent », comme ils disent, se constituent un petit arsenal pour le jour J. En attendant, ils font mine de se tolérer les uns les autres. Les quatre plans stups se répartissent les clients aux quatre coins d'une cité qui a toujours été appréciée des consommateurs. En fait, ils récupèrent la clientèle du plus gros réseau de la ville, celui de la Castellane, affaibli l'été précédent par la police.

Mais, avant la fin de l'année, l'ancien patron des lieux aura purgé ses huit ans de prison et a promis de reprendre son territoire. On le décrit, d'un groupe de fumeurs de joints à l'autre de la cité, comme un mec au cœur de pierre, rempli d'acide, capable de transformer en pognon toutes ses affaires violentes.

Cependant, bien des choses ont changé au cours de sa longue incarcération. Si les quatre points de deal ont toujours le même et unique fournisseur, chaque petit chef a pris son indépendance dans un climat relativement pacifié, aux relents de guerre froide. Et celui qui est toujours habillé en blanc sème désormais la zizanie entre tous, avec l'espoir qu'à la fin il n'en reste qu'un. Lui, bien sûr. Caïd plus fourbe que violent, il équipe les uns en armes puis leur fournit des raisons d'attaquer les autres. Et *vice versa*.

Les chantiers se font dans cette ambiance, avec quelques gosses qui dealent, d'autres qui glandent et la plupart qui guignent un boulot pour lequel ils n'ont jamais été formés, bien que ces travaux aient été décidés depuis longtemps. Mon bonhomme était donc allé voir le chef de chantier en lui proposant très poliment, et sans la moindre pression, un deal. Il allait l'embaucher gentiment, lui et un ami, pendant deux ans à un poste bien payé, de préférence à ne rien foutre, si ce n'est encadrer et « bouger le cul » des douze gamins dont il exigeait également l'embauche, « pour un vrai travail ». Il devait également lui assurer une certaine tranquillité dans le travail. Le patron du chantier acceptait. Mais quelques jours plus tard, sa foreuse brûlait. L'autre équipe avait opté pour la méthode lourde. La technique est toujours la même. Les gros malfrats racontent aux petits dealers de quartier que les réhabilitations vont tout chambouler, que le deal n'y sera plus possible. Ils choisissent les plus crédules, les plus crétins capables d'un passage à l'acte, comme aller « foutre le bordel » sur les chantiers. Après, ils n'ont plus qu'à se baisser pour ramasser les fruits de la combine.

C'est l'exploitation financière de la peur, la « monétisation du label "quartier nord" », pour reformuler l'expression des journalistes Lorraine de Foucher et Soren Seelow en conclusion de leur enquête sur les rackets de chantiers à Marseille*.

Mais dans ce rapport immobilier-dealer-racket, on découvre parfois des alliances encore plus étonnantes. Une avocate m'en a raconté une, confirmée par la police.

* « Du goudron et des thunes », *Le Monde* du 25 octobre 2015.

Sur un chantier immobilier au cœur des quartiers nord, une association a déposé un recours, se disant lésée par le projet et réclamant près de 200 000 euros de dédommagement. Le recours a été traité à l'amiable avec le promoteur, sans intervention de la justice. « Un accord a été passé, m'explique l'avocate. Le promoteur déclare avoir versé cette somme en dédommagement, sans la donner vraiment, et les types derrière l'association, en fait de gros dealers, blanchissent ainsi une grosse somme d'argent sale dont ils peuvent désormais justifier la provenance. » En échange, les dealers assureront assidûment la sécurité des travaux avec leur entreprise de gardiennage que le promoteur aura bien évidemment choisie. Tout cela demande de bonnes connaissances comptables des deux côtés pour rendre invisible la fausse transaction financière. Mais dealers comme promoteurs ont de très bons conseillers juridiques, très bien payés. Parfois les mêmes, d'ailleurs.

XII

Mauvaises herbes

Excités comme des lionceaux à la chasse, trois gamins de 4 à 6 ans s'affairent dans une cage d'escalier miteuse de la cité Maison-Blanche dans le quartier du Canet, jadis ouvrier, et aujourd'hui, uniquement quartier de misère. À quatre pattes, une petite fille flottant dans son grand T-shirt Minnie crie sa joie, la tête au ras du sol crasseux, un bras étiré dans un trou de la colonne sèche. « Y en a plein ! » Les deux autres gosses s'abattent sur elle pour y enfiler, eux aussi, leurs petites mains sales. Dans la gaine, ça s'agite, ça panique à coups de « scratt... scratt... ». Faut voir comme ils sont contents et concentrés à la fois. « Va le chercher !... Vas-y ! » crie Minnie. Un petit Spiderman en pyjama file comme l'éclair en passant entre mes jambes. Victoire ! « J'en ai au moins quatre ! » hurle Minnie. Spiderman revient, avec ce qui me semble être un bocal rempli de choses noires que je n'ai pas le temps de voir avec ce gamin vif comme un superhéros. Un ado descend les marches, enjambe les mioches, absorbé par le rap qui lui transperce les oreilles jusqu'aux miennes, pour filer indifférent dans la lumière extérieure.

Minnie retire son bras de la gaine. Spiderman ouvre son bocal pour y jeter, dans un gloussement de bonheur, quatre gros cafards tout gigotants sur ceux déjà entassés. Les larmes du troisième mioche me consolent un peu de mon effarement, il a peur sûrement, est dégoûté… Mais non… « J'en ai pas eu, moi, c'est pas juste, j'en ai pas eu… » Moi, j'ai l'impression qu'on vient de me les faire bouffer, et pour tromper cette impression sur la langue, j'irais jusqu'à boire du Selecto, le jus le plus dégueulasse que je connaisse, faisant passer le Fanta orange pour un pur jus bio. Des cafards ! « Mais, elle est où votre mère ? Je vais le dire à votre mère… » Sans m'écouter, comme si je n'existais pas, Minnie hurle dans la cage d'escalier : « Maman, j'en ai encore d'autres ! Et je sais où y en a plein… mais faut arracher un truc… » Aussitôt apparaît un grand ado sérieux avec un pied-de-biche. Crac, il fait péter une planche. Comme pour le final d'un feu d'artifice, un chœur à quatre voix salue son geste : « Wouaaaaahhhh ! » Les cafards s'éparpillent en rosace, et les lionceaux les ramassent en sautillant. D'un étage, les pleurs d'un bébé se rapprochent. Les gosses hurlent « Maman ! » comme à l'arrivée d'un marchand de bonbons, dans de grands rires de dessins animés, des cafards plein les bras, des sourires plein les petites gueules et le bocal plein à ras bord. Minnie n'en trouve pas un autre dans la cuisine. Sa mère répond à peine plus fort que les pleurs du bébé dans ses bras. « Prends une boîte de gâteaux, tu les mets sur la table. » Cinq minutes plus tard, on mange les gâteaux devant les trophées de chasse. « On nous donne 5 centimes par cafard. Mais là, il y en a beaucoup, alors ils vont le faire au poids. Les petits vont pouvoir se payer un McDo, c'est sûr… » C'est con, mais j'en deviens content pour eux tellement ils crient fort leur joie, les mioches. « Faut qu'on aille les apporter dans un bar à côté de Félix-Pyat, c'est là-bas qu'on te paye. » Des cafards contre du fric, pourquoi ? La mère flegmatique ne trouve rien à redire. Elle s'en fout. Des cafards, elle en a, alors elle en vend. Les accompagner dans ce bar de la cité Félix-Pyat avec ma gueule de Blanc ferait foirer la vente. Je les laisse.

Plus tard, bien plus tard, j'en apprendrai un peu plus sur ce trafic de cafards. Dans ce quartier, mais aussi dans tout le 3e arrondissement, ou presque, et dans tous les taudis de Saint-Mauront jusqu'à la Belle-de-Mai. C'est qu'à 5 centimes le cafard, ce sont des millions d'euros qui grouillent tous les jours dans ce quartier le plus pauvre de France. Je découvre le fin mot de la chose dans un restaurant clandestin du 2e arrondissement, fréquenté par des ouvriers du bâtiment et des flics.

Mon contact, c'est un flic. On vient bouffer là parce que ça ne coûte rien, 6 euros pour entrée-plat-dessert, pinard et café compris. Je n'ai jamais trouvé moins cher ailleurs, à part le bouge clandestin d'une cave du boulevard National près de Félix-Pyat. Là, des travailleurs sans papiers reçoivent, contre 1 euro, une assiette de ragoût, tous les jours la même. Et on y bouffe bien ! Une partie de la comptabilité passe par un snack de sushis express en façade pour blanchir un peu le pognon. Le reste, c'est tout bénef… Un maçon se cure les ongles avec son couteau. « Un quart ou un demi pour le vin ? » demande une serveuse bien marseillaise. « Ben… un demi », répond l'homme seul sur le ton de l'évidence. « Rouge ou rosé ? » Courte hésitation. « Ben… les deux. »

La discussion sur les cafards arrive par hasard alors que je viens de souligner que l'aspect de la rue a évolué.

On y voit moins de misère flagrante, tous ces gens à la gueule fatiguée qui défilaient dans les halls d'entrée en transportant des trucs à vendre. Le flic raconte tout en savourant des pieds paquets, l'une des spécialités marseillaises. Il se délecte de sa petite histoire, même la bouche pleine. « Tout l'immeuble a été récupéré par la Ville quand ils ont commencé à rénover la rue de la République. Les mecs leur cassaient les couilles, ils voulaient pas partir… Il y avait les squatters, mais aussi beaucoup de types qui avaient un bail… Et faire péter un bail en justice, ça prend des plombes. Alors les locataires n'ont pas eu de chance… Ils ont eu des cafards… Une invasion… en une nuit… de partout, les mecs ils marchaient dessus comme dans *Indiana Jones*… Tu sais ? Quand le minot, il dit : "On dirait qu'on marche sur des gâteaux secs." Un tapis de cafards. Et pas de bol, le lendemain, il y avait une inspection de l'hygiène. Il y a eu une mesure d'urgence, tout le monde a dégagé. Terminé ! » Une bouchée de pain plus tard. « Ce sont des voyous de Félix-Pyat qui se sont chargés de rassembler les cafards. Des branquignols. Il paraît qu'ils avaient chargé tous les cafards dans le coffre d'une voiture, dans des boîtes, des pots de confiture, des glacières. Il y avait des trous, et le chauffeur en avait plein la bagnole… Ils se sont battus pour savoir qui allait conduire. Un de ces mecs nous l'a raconté pendant la pause cigarette d'une garde à vue sur une autre affaire. Il était mort de rire. »

Le bâtiment a fini par être rénové en partie par un fonds de pension américain, Lone Star, touché par la crise des *subprimes* en 2008. Déjà en 2004, l'adjointe à l'urbanisme de la Ville, Danièle Servant, avait prévenu : « Les 650 familles n'ont pas vocation à demeurer rue de la République [...] Et nous, nous n'avons pas vocation à faire du logement social. » Cela préfigurait le soutien municipal à Lone Star dont le passage à Marseille aura été calamiteux. La rue de la République, l'une des rares artères de type haussmannien, est l'un des échecs de la politique de rénovation urbaine lancée par la Ville depuis le début des années 2000. Les gros promoteurs et les entreprises du BTP y ont fait leur fric, très largement aidés par les collectivités. En revanche, la vie n'a jamais rejailli dans le quartier. Désormais, les immeubles sont en grande partie inoccupés, les locaux commerciaux vides, pourtant décorés depuis des années de grands panneaux mensongers annonçant leur « ouverture » prochaine.

Le logement ne suffit pas à attirer les cadres. Les emplois sont aussi nécessaires. Or, l'emploi ne suit pas, et un développement économique ne s'édifie pas sur un tapis de cafards. D'accord, le BTP fait travailler beaucoup de monde, de même que les collectivités territoriales et les hôpitaux, tenus par un syndicat, Force ouvrière, par lequel tout, absolument tout, passe depuis que Gaudin est maire. Tout le reste de l'activité est basé sur l'éternel chantier qu'est devenue Marseille. En une heure de balade à scooter, on mesure une chose qui n'a pas son équivalent en France : le bitume en jachère. Or les routes sont défoncées non pas faute de travaux, mais à cause des travaux. Des travaux permanents qui réparent les dégâts des travaux précédents. Des travailleurs portugais, avec lesquels je m'entretenais un jour lors d'une pause, ont résumé ainsi leur perplexité : « Vous travaillez bizarrement à Marseille. On creuse, on bouche, on couvre de goudron... O.K. Mais un mois plus tard, on revient, on recreuse, on change des câbles, on bouche et on colmate comme on peut. Ça recommence, et, un an plus tard, la route est pleine de creux et de bosses… Vous travaillez vraiment bizarrement à Marseille. »

Un manque de coordination qu'il ne faut pas forcément associer à de l'incompétence.

À Marseille, pour expliquer ou clore bien des choses, on utilise deux ou trois phrases cultes. D'abord : « Ah… Mais c'est compliqué… » et « M'en bats les couilles… », deux bons moyens de supporter les incohérences du quotidien. La dernière expression – « Y a pas d'arrangement ! » – est une antiphrase, d'une virilité naïve. Car, à Marseille, il n'y a *que* des arrangements. À Marseille, tout se décide dans la fumée des cigares et autour de la table d'un de ces innombrables cercles d'affaires, sportif, festif ou spirituel, cercles fermés où l'on se coopte à coups de droits d'entrée, d'hérédité et de consanguinité. Cercles où l'on se parle franchement, où l'on picole, baise, joue aux boules, mange des aïolis, des bouillabaisses et où l'on se rend des services en toute sincérité, son propre intérêt en ligne de mire. On y cultive aussi le respect des incapables, le triomphe des médiocres et de tous les serviles qui ne gêneront jamais ceux qui ont façonné leur carrière. Ces réseaux, entremêlés ou juxtaposés, nourrissent le cynisme du politique.

Puis on s'achète des 4 × 4 pour endurer les routes défoncées, véritables chemins de brousse, conséquences du marché des bons de commande. Un technicien de la communauté urbaine MPM en charge de la voirie, m'a expliqué ça un jour à la terrasse d'un café fréquenté, sans même prendre la peine de baisser la voix : « C'est le favoritisme le plus facile, le bon de commande. Ces marchés vont servir à réaliser tout ce qui n'est pas opération globale planifiée, comme construire une école, par exemple. Le marché de l'enrobé est découpé sur la ville par secteur. On donne ça à plusieurs entreprises, mais il n'y a pas de sommes maximales ou minimales pour chacune, et tu peux ne rien donner à plusieurs et tout à une seule. Tu prends donc les tiennes, tes entreprises complices, et tu les noies dans des entreprises que tu ne veux pas. Ensuite, il faut multiplier les travaux pour prendre un max de fric. On prend donc bien soin de ne faire aucune coordination pour revenir creuser souvent. Mais c'est comme ça pour presque tous les gros travaux. Tout se fait donc de gré à gré. Ce favoritisme ne semble pas gravissime, il est même plus ou moins assumé, c'est sympa. On entend toujours "faut bien faire travailler les locaux", mais ce favoritisme régional est interdit par la loi. Mais il faut savoir que beaucoup d'entreprises du BTP, surtout celles du terrassement, appartiennent au banditisme, aux très gros. On ne peut jamais vérifier la réalité du travail dans le terrassement, on ne compte pas les coups de pelleteuse. Alors avec du pognon sale, ils arrosent des intermédiaires pour obtenir des marchés. Là, souvent, ils sous-traitent à de plus petites entreprises qui n'hésitent pas à payer pour avoir le boulot. Une vraie dîme. La concurrence est tellement énorme. Quelques gros prennent les marchés, et les autres bossent pour eux. Il y a tout un réseau d'intermédiaires, et les majors sont maqués avec eux. Sinon, ils ont des problèmes. Des problèmes très concrets sur les chantiers : des vols, du racket, du sabotage… Pour rester puissant ici dans l'immobilier et les grands travaux, il faut donner. Et pour donner, il faut grossir, toujours. » Ainsi s'opère un équilibre. Beaucoup de gens – si l'on part d'en haut – y trouvent de quoi se gaver, s'engraisser, grossir, vivre, subsister, survivre. Des frères Campanella aux travailleurs pauvres, en passant par Philippe Avinent et Éric Lasery, ou Didier Rogeon et Roland Carta, les collaborateurs, une armée de commerciaux, de cadres, de techniciens, d'assistants et de secrétaires… ils sont nombreux à voter pour maintenir un tel système. Même inconsciemment.

Depuis le début des années 2000, Marseille a connu un grand changement sans y être pour grand-chose. Depuis que la SNCF a mis Marseille à trois heures de Paris, la douceur de vivre méditerranéenne a attiré du monde, un monde plus riche, mais aussi plus exigeant. Or depuis, beaucoup sont déjà repartis faute d'avoir pu trouver une place en crèche pour leur gamin. Ou une école publique qui ne serait pas trop maltraitée par la mairie. Ceux qui sont restés ont trouvé leur place et contribuent à injecter là un peu de modernité et de renouveau.

À Marseille, les politiques ont ceci en commun avec les bandits : ils savent d'instinct changer de stratégie dès que nécessaire. De concert ou non, ils sont en train de déplacer le monde de la nuit sur Euroméditerranée, le projet dont ils ne voulaient pas à l'origine. Sur les friches du port industriel et de commerce, on a réussi une requalification urbaine qui, cependant, n'offre pas beaucoup d'emplois. Et les propriétaires des bars, restaurants et boîtes de nuit, présentent tous un casier judiciaire bien rempli. Un ancien braqueur devenu homme d'affaires, Jacques Cassandri, qui jure s'être rangé, vient de céder sa société de BTP pour plusieurs dizaines de millions d'euros afin d'investir dans des locaux et logements sur les futures zones de réhabilitation, au fur et à mesure qu'il en prendra connaissance.

Dans ses établissements, les petits dealers, sapés comme des princes, pleins de fric et d'arrogance, sont bloqués net par des vigiles costauds. Une clientèle friquée, certes, mais qui fait fuir ceux qui ont hérité leur pognon ou les bobos descendus en trois heures au bord de l'eau. On a vu ça dans plusieurs restaurants du centre-ville aujourd'hui désertés par ces deux types de clientèles. Auparavant, les gros bandits piquaient le fric des RMistes en installant des machines à sous dans les bars PMU. Ils pompent désormais aux riches dans des restos branchés, chers et pleins de DJ. Abdelhafid Bahou, le cousin de Samia Ghali, la sénatrice-maire PS d'un des quartiers nord de Marseille, tente de s'emparer du marché des jeunes riches éphémères des cités. Il a réussi, on ne sait trop comment, à obtenir l'autorisation d'installer un restaurant-discothèque sur le secteur d'Euroméditerranée et y a investi 1,5 million d'euros, probablement pas seul. Les flics sont désormais curieux de voir ce que vont donner ses relations avec les établissements voisins de Cassandri, pas franchement enchanté. Enfin, un terminal de bateaux de croisière, érigé en face d'Euroméditerranée, parachève la vision politique du maire de Marseille. On grime la ville en Côte d'Azur nouvelle avec pour rêve d'attirer des touristes pour quelques heures seulement, leur prendre un peu de fric en espérant qu'ils *likent* sur Trip Advisor.

Allons, il faut bien se l'avouer : derrière le maquillage et les liftings, Marseille est une ville défraîchie, abîmée par des systèmes rebattus comme les anecdotes de son maire. Depuis bientôt cinquante ans, Marseille n'en finit pas d'être en voie de développement. Certains pensent plutôt que la ville n'en finit pas de décliner, comme le montre la paupérisation des quartiers populaires. La création de richesses y est si rare, si faible que ce qui existe n'est redistribué que par la voie du clientélisme partagé en plusieurs vases clos.

Le clientélisme associatif : un réservoir à électeurs qu'il ne reste qu'à vider une fois les élections passées.

Le clientélisme communautaire : la persistance artificielle d'un phénomène tendant à se dissoudre dans la capacité réelle et naturelle de Marseille à intégrer ses immigrés.

Le clientélisme locatif : la répartition des habitants dans la ville en fonction du piston et son corollaire, la fabrique des ghettos, leur ségrégation et leurs tensions.

Le clientélisme à l'emploi : ou comment entretenir l'inégalité et abîmer l'égalité vue comme un déclassement à combattre.

Le clientélisme éducatif : machine à ghetto scolaire, source de la galère.

Le clientélisme syndical : Force ouvrière fournissant des fonctionnaires formatés au burlesque administratif.

Le clientélisme immobilier : vente d'une ville à la découpe sans cohérence urbanistique. Des infrastructures vitales insuffisantes : maisons de retraite, crèches, réseaux routiers. Des transports en commun presque inexistants.

Sans compter tous les petits lobbys qu'il faut satisfaire ; les restaurateurs qui aimeraient tous avoir des parkings, si possible jusque dans leurs cuisines ; les plaisanciers du Vieux-Port qui ont souhaité des pontons flottants pour leurs sardinades du dimanche, revendication entendue par les autorités qui ont enfin fait sauter les barrières enserrant le Lacydon.

Et ce clientélisme, aussi volumineux et protéiforme soit-il, ne bénéficie qu'à ceux qui sont en place et intégrés depuis suffisamment longtemps pour pouvoir rendre quelque chose en retour. Pour ceux-là, il faut que rien ne bouge. Leur survie est en jeu. Ils exècrent la nouveauté et sont pris de tendresse sénile pour un passé pourtant peu reluisant. Ce sont les conservateurs qui déploient des efforts pour que rien ne bouge.

Les Marseillais ne sont jamais mieux asservis que par eux-mêmes.

Marseille est dévorée par une corruption vorace. Telle une plante, carnivore de surcroît, elle pénètre les conseils d'administration d'innombrables satellites des institutions dont les élus s'arrangent entre eux pour que rien ne change, et prennent garde de ne jamais « monter au cocotier ». Bientôt, on n'en trouvera pas un épargné par une enquête préliminaire ou une instruction. On insistera, cependant, sur l'absence d'enrichissement personnel. L'argent n'est qu'un moyen pour accéder au pouvoir. Or, le pouvoir, ils l'obtiennent avec les indemnités qui vont avec. Et ils cumulent en plus. Certains Marseillais s'accommodent très bien de la façon dont un Jean-Noël Guérini a gagné la présidence du conseil général des Bouches-du-Rhône. Ceux qui protègent leurs petits et grands privilèges. Les bourgeois marseillais, qui ont majoritairement déserté la ville pour s'installer à Aix-en-Provence, Cassis ou le Luberon, se contentent de gérer des rentes de situation. Ils érigent et maintiennent le mur qui les abrite, tout en laissant saccager des quartiers entiers dont ils voudront ensuite se protéger.

Dealers, bourgeois, militants et politiques travaillent à créer puis à garder un client. Pas une richesse, un client. C'est leur raison d'être. Personne n'a jamais osé essayer d'obtenir le suffrage des gens difficiles. Ceux qui croient en l'intérêt collectif et qui pensent leur ville.

Une profanation de l'esprit républicain allégrement commise dans la galéjade, les petites phrases, les piques et les réconciliations pagnolesques. On se focalise sur la prétendue violence de Marseille et ses règlements de comptes quand il faudrait ouvrir les yeux sur la non-violence des dérives mafieuses, d'un système mou bourré d'arrangements.

En quittant la présidence de la chambre régionale des comptes de Marseille, Danièle Lamarque ne disait pas autre chose dans son discours prononcé le 12 décembre 2013 : « Je quitte Marseille avec des sentiments mitigés. Professionnellement, j'ai eu des responsabilités passionnantes, les enjeux locaux sont ici de premier plan, les personnalités à la hauteur de la diversité de cette région. Je reste néanmoins très inquiète de la corruption que nous constatons dans de nombreuses collectivités, et qui a pénétré des secteurs entiers. Je me suis attachée, avec notre procureur financier, à développer une relation étroite avec les parquets judiciaires, et à être en phase avec les travaux de la justice, soit en amont, soit en simultané. Ce n'est pas la mission première des chambres de rechercher les infractions pénales, mais ce type d'investigation n'est pas non plus étranger à nos missions, qui nous conduisent à examiner les marchés, les délégations, les opérations d'urbanisme, le recrutement des agents ou le fonctionnement des services publics. Certes PACA n'est pas la seule région française à souffrir de ce mal, mais il doit être dénoncé et combattu, car il gangrène la gestion publique et il ruine la confiance que les citoyens ont dans leurs élus et dans les affaires publiques en général. Nous en payerons le prix, tôt ou tard. Cette région mérite mieux que ces compromissions et ces arrangements. Elle est belle, dynamique, riche de talents, pleine de vitalité. Je n'y ai guère consacré mes loisirs, car le travail à la chambre a pris tout mon temps et toute mon énergie, mais je garde le souvenir de sa beauté, de la générosité de ses habitants, de sa vitalité. Je souhaite à toutes celles et tous ceux qui y vivent et y travaillent de lui donner toutes ses chances. »

La constance à Marseille, c'est le ciel bleu dégagé par le mistral. Quelques rares orages violents… Ça lave. Comme le procès Andrieux… Circulez ! Tout est propre maintenant. Peut-on parler de mafia à Marseille ? Non.

Non, car le banditisme, s'il est bien réel, se raccorde au système d'abord mis en place par les multinationales et les politiques pour la réalisation des grands chantiers et la distribution des marchés en échange d'une incitation à voter pour le bon camp. Comme dans un pays sous-développé, le but est de faire bouffer tous ceux qui y contribuent, à chaque étage. Et branchés en dérivation, les voyous parviennent à capter le fric, les valeurs. Ainsi pèsent sur le pouvoir politique des entreprises criminelles parfois concurrentes. Mais les grandes décisions politiques sont rares. Il n'y a pas non plus de mafia à Marseille, car sa dimension internationale s'est considérablement rétrécie depuis les années 1980, sauf dans le domaine de la drogue. Un monstre nécessaire qui pallie l'absence de projet économique ambitieux.

Jean-Paul Bonnetain a été un préfet de police subtil de 2012 à début 2015, le temps d'observer la bête, faute de s'y attaquer. Pourtant, il sait où résiderait la solution et me l'expliquait fin 2013 autour d'un café dans son grand bureau de style haussmannien : « Il s'agit de produire du développement. Mais je pose une question préalable. Qui a envie que ça change ? Le discours émollient sur Marseille, anesthésiant, est érigé en culture. Il s'agit souvent d'entretenir ce qui existe en refusant de voir ce qui doit évoluer. Il y a deux Marseille à Marseille. On ne peut pas se satisfaire de l'idée que cette ville se résume à des quartiers riches qui narguent des quartiers pauvres lesquels menacent les quartiers riches. Par-delà cette vision éculée, il faut un projet qui brise le système actuel, qui produise quelque chose. Ce qui appelle donc une gouvernance. Ensuite, les projets appellent des financements, mais dans quel but ? Gérés comment et surtout par qui ? Marseille a besoin d'acteurs locaux fiables. Les règlements de comptes donnent une vision réductrice des problèmes marseillais réduits à une question de sécurité, source intarissable d'affrontements politiques au prétexte de polémiques. Les débats sécuritaires servent plus les élections que le sujet lui-même. L'insécurité est à la fois la cause et la conséquence d'une situation. Mais Marseille a besoin d'une vision, sinon la paupérisation va s'accroître et brouiller encore les repères déjà bien malmenés. Au fil du temps, certains se lassent, d'autres s'en vont. Les références basculent et deviennent celles des voyous. Qui sont les nouveaux modèles quand des trafiquants prennent en charge le tissu social de leur cité ou y installent une piscine pour occuper les gosses pendant l'été ? N'est-ce pas plus moral que le clientélisme ? Ceux-là font dans le social comme le fait le Hamas. Avec l'espoir d'un retour. Le clientélisme est la marque des pays en voie de développement qui ont vocation à le rester. “Je vous ai obtenu ça, vous me donnez ça.” »

Le système, c’est le vent, on ne le voit jamais. On voit les branches qui remuent, les tourbillons de feuilles, mais on ne voit pas le vent.

XIII

Affront national

À un moment, au bout du racolage, toutes ces manœuvres engendrent des citoyens neurasthéniques. Une apathie électorale. Un accablement participatif. Si l'on n'a rien à défendre, si l'on n'est le client de rien, ni recommandation, ni patronage, ni soutien, ni cooptation, ni faveur, ni intervention, ni protection, ni combine, ni piston, ni aide, ni appui, rien, aucune accointance avec personne, pas le moindre début de relation pour espérer simplement travailler et se loger, si l'on n'a aucun privilège à défendre, même minable, on se sent insignifiant. On s'indigne de ne pas bénéficier des avantages octroyés aux autres. Pourquoi pas moi ? On ne veut pas vraiment l'égalité, on veut sa part. On en souffre parfois à en faire des incantations, à offrir son désespoir au Front national qui trouve là son propre intérêt. À Marseille, le FN se constitue à partir de fragments de cadavres : celui, encore chaud, de la guerre d'Algérie lui tiendra lieu de cœur, le fantôme antisémite et des lambeaux d'islamophobie feront office de système nerveux. Une greffe de clientélisme et de populisme complétera cette funeste créature imbibée de la peur perpétuelle du déclassement. Le chômage lui a donné vie, et, maintenant affamée, elle rôde pour arracher le morceau. Le FN récupère le désespoir des soumis et avive la soif des conquérants.

Stéphane Ravier, le sénateur-maire du Front national, semble être un brave gars. Vif, souriant, ayant réponse à tout même aux questions qu'on ne lui pose pas. Après avoir ravi les mairies de secteur à Sylvie Andrieux, il pourrait lui piquer son poste de député. Lui et moi nous sommes déjà rencontrés *via* une connaissance commune, Yvan Benedetti, le patron d'une association pétainiste, L'Œuvre française, toujours très active bien que dissoute. L'un des premiers à pâtir de la dédiabolisation entamée par Marine Le Pen avant les élections présidentielles de 2012. Une fois viré du FN, Yvan Benedetti ne s'en est que plus consacré à des opérations coup de poing à travers la France, notamment autour de Lyon, fief nationaliste. Depuis 1994, il organise le Forum de la nation où viennent s'exprimer des partis antisémites ou néonazis, de l'extrême droite européenne – d'Aube dorée (Grèce) au Jobbik (Hongrie). Y tiennent également conférence quelques négationnistes comme l'éditeur Jean Plantin ou l'intégriste catholique Vincent Reynouard.

Yvan Benedetti est l'ami de Ravier, l'élu FN, et accessoirement il est mon cousin germain... Stéphane Ravier le sait et me dit de lui : « C'est un bon militant. » Sentiment partagé par Yvan qui confirme : « On œuvre pour la même cause. » Il décrit ainsi son camarade élu frontiste : « Pour les idées, il est proche du père. Pour la carrière, proche de la fille. » Ravier a emboîté le pas à Marine depuis 2012, mais croit en elle depuis 2007. Son programme est classiquement frontiste : du social « les Français d'abord » aux fondamentaux du parti, l'immigration et l'insécurité, le tout sur une ligne identitaire Français et Provençal catholique ancrée dans une forte tradition locale. Les Provençaux catholiques gouvernent bel et bien la ville de Marseille.

Mais contrairement à Marine Le Pen, Ravier n'a pas envie de jouer les mignons en virant l'ultra-droite de son entourage comme mon cousin Yvan Benedetti. Car à Marseille, l'extrême droite se heurte à une forte résistance des antifascistes. « C'est une catastrophe ici, impossible de monter quelque chose de solide », soupire un jour Yvan, venu à Marseille pour réconforter ses troupes après que des opposants, historiquement très bien organisés, ont fait capoter une opération. Yvan maugrée contre les Marseillais : « À Marseille, ça vote, mais quand il faut agir, coller des affiches ou faire une opération coup de poing, il n'y a plus personne. » C'est pourquoi Stéphane Ravier doit ratisser large, et largement à sa droite.

Sa stratégie n'a rien à envier à celle du national-socialisme allemand des années 1930. C'est la technique de la tache d'huile. Prendre le pouvoir sur un terrain circonscrit, puis y faire emménager des militants pour s'étendre. Il a donc commencé par son secteur des 13e et 14e arrondissements, cousu, tel un patchwork, de cités défraîchies, de noyaux villageois paupérisés, mais aussi de résidences fermées de la classe moyenne et même d'une certaine bourgeoisie sur les hauteurs des collines. Des gens que l'on peut opposer les uns aux autres. Ravier sait comment y faire. Lui aussi se glisse dans le monde associatif marseillais. Par exemple, l'Association sportive provençale d'intérêt culturel (Aspic), a été transférée des quartiers sud aux quartiers nord, boulevard Ararat, quelques semaines après que le FN a enlevé la mairie de secteur.

Mathilde Gibelin en est la présidente. Ancienne chargée de communication de la mairie de secteur de Stéphane Ravier, elle est issue d'une vieille famille d'extrême droite locale. Elle a été formée au sein d'Europe Jeunesse, vivier de cadres pour le Front national. Son frère est l'attaché parlementaire d'un député européen FN. Dans la propriété que fréquente assidûment son père, Philippe Gibelin, « la Domus », située près d'un aqueduc, non loin d'Aix-en-Provence, sont organisées les universités d'été du GRECE, le Groupement de recherches et d'études pour la civilisation européenne, prônant une idéologie d'ultra-droite racialiste et néopaïenne. Son fondateur, Pierre Vial, adhérait au mouvement Jeune Nation dont Yvan Benedetti est désormais responsable. Mathilde Gibelin, ex-membre du GRECE, fréquente toujours les royalistes d'Action française, et il est peu probable que l'Aspic se contente d'apprendre le karaté aux petits-fils des ouvriers issus de l'immigration italienne et arménienne de ce quartier.

Lorsqu'il était jeune militant frontiste, Stéphane Ravier bénéficiait des conseils avisés d'un ancien du Parti communiste marseillais, André Isoardo, un apparatchik repenti qui apporta au Front local, à partir de 1984, son sens de l'organisation sur le modèle communiste avec des cellules de quartiers et des cercles thématiques, ainsi que des formations de militantisme et d'activisme dont bénéficiait le jeune Stéphane Ravier. Il y rencontrait son mentor, Bernard Ferré, un ancien actif chez les néofascistes du Parti des forces nouvelles (PFN) qui a été responsable du Front national des jeunes (FNJ), un homme à l'idéologic très national-socialiste, créateur du Cercle national des travailleurs syndiqués, et également membre de la Confédération française des travailleurs chrétiens (CFTC) ainsi que du conseil des prud'hommes. Autant de traces de l'influence du Front national dans des structures censées le combattre. Beaucoup de militants frontistes, dont Stéphane Ravier, lui doivent leur formation politique. Le disciple devenu grand a repris la méthode. Ravier travaille ses réseaux, visite les associations de vieux Arméniens et autres en serinant : « Les Arabes, ça suffit ! » Opportuniste, il réussit à partager, sans vergogne, les couscous des associations de cités. Pas toutes, car les quartiers ont de la mémoire. Le soir du 21 février 1995, des colleurs d'affiches du FN ont abattu dans le dos un jeune garçon de 17 ans, Ibrahim Ali, musicien marseillais d'origine comorienne. Il sortait d'une répétition pour le Sidaction. À la Busserine, par exemple, Ravier est *persona non grata*.

Seulement, si l'homme ambitionne de devenir le nouveau maire de Marseille, il lui faudra autre chose qu'une base fragile, volatile et peu portée sur le vote. Comme les autres partis, il aura besoin des milieux de la finance, des affaires et de la pègre. Sans eux, rien ne se fait à Marseille. Alors, Stéphane Ravier fréquente ce beau monde, cœur d'un système qu'il fait mine de dénoncer dans *La Provence* pour racoler les déçus de tout. Il se rend souvent dans l'un des restaurants de Jacques Cassandri – par exemple, Le Palais de la Major –, fiché au grand banditisme, dans le Marseille branché d'Euroméditerranée. Il y est reçu poliment, dit-on, mais sans effusions.

Cependant, il ne faut jamais sous-estimer les intellos fachos. Car Stéphane Ravier s'y réfère pour développer sa stratégie, celle de la doctrine fasciste. Il y a du Maurras dans le pragmatisme de la jeune extrême droite marseillaise, un réalisme qui s'oppose à ce que le théoricien du nationalisme intégral appelait l'« idéalisme naïf », celui qui dénonce sans volonté de prendre le pouvoir. Selon la doctrine de l'écrivain Dominique Venner, lui-même inspiré du communiste italien Antonio Gramsci, la prise de pouvoir se fait d'abord par la culture. Le pouvoir politique tombe ensuite, tout naturellement.

Depuis sa mairie de secteur, Stéphane Ravier travaille ce principe. Il fleurit, sur son territoire, des associations tenues par des militants et sympathisants de toutes les extrêmes droites. Elles obtiennent des subventions des collectivités territoriales. Leur prosélytisme est en marche. L'élu de ce secteur où se mêlent toutes les immigrations contemporaines n'a pas l'intention de rassembler. L'une de ses envolées favorites résume son sentiment : « Je t'en foutrais du vivre ensemble ! » Comme Marine Le Pen, Stéphane Ravier mise sur une étrange coalition des réactionnaires au nom d'une identité nationale dont aucun n'a la même définition. Dans le groupe des réactionnaires, ils se détestent, mais se rejoignent dans une xénophobie commune. Antisémitisme, islamophobie, machisme et homophobie se côtoient, certains prenant le tout, d'autres une partie seulement. On ne s'unit plus pour des idées communes, mais contre des ennemis communs. L'ennemi du Français de souche. De souche provençale en ce qui concerne Stéphane Ravier qui ne dédaigne pas de s'afficher en sulfureuse compagnie.

Il a même bonne mine sur les photos avec son ami des Jeunesses nationalistes, Olivier Bianciotto, dans le cimetière de Marignane, croix celtique autour du cou.

Celui-ci est l'un des profanateurs connus – en septembre 2014 – d'une stèle édifiée à Marseille en mémoire du poète et militant communiste Missak Manouchian. Un clin d'œil pour dire « Je n'oublie pas les sans-grade ». Le cliché a été pris lors d'une commémoration des anciens de l'Algérie française organisée par l'Association pour la défense des intérêts moraux et matériels des anciens détenus de l'Algérie française (Adimad). Olivier Bianciotto était encore responsable du Mouvement pour une nouvelle aurore (MPNA) et est devenu, depuis, le patron du Parti de France pour Marseille. Un facho, tout simplement, visiblement très ami de Stéphane Ravier. Mais ce dernier prend aussi la pose sur Twitter avec Nora Preziosi, adjointe UMP de Gaudin. « C'est carnaval à la mairie des 13-14 ! Nora Preziosi, adjointe au maire de Marseille, m'a fait l'amitié de venir. » Un autre clin d'œil pour la mairie centrale pour dire, cette fois : « Je suis une force qui compte ! » Dans cette mairie centrale, il est d'ailleurs souvent invité et très bien reçu. Il lui doit beaucoup, à Nora. Entre autres des soutiens aux seconds tours de chaque élection récente dans le secteur. La politique, c'est comme la prison. On doit savoir s'afficher pour marquer les clans et les alliances. Ravier a d'ailleurs débauché, en 2015, deux conseillers d'arrondissement UMP, Karim Herzallah et Caroline Gallo, peut-être promis à un avenir au sein du Front national. « D'autres suivront », me concèdent certains membres de l'UMP qui savent que « chacun va à la soupe là où elle est la meilleure ».

Pourtant, en 2008, elle faisait encore grimacer la soupe de Ravier. À la fin des années 1990, plusieurs affrontements entre le FN marseillais, les dissidents du Mouvement national républicain (MNR) de Bruno Mégret et quelques candidats parachutés par Jean-Marie Le Pen, provoquèrent un affaiblissement des cadres de l'extrême droite. En 2002, Stéphane Ravier est projeté dans l'arène par les siens contre Bruno Mégret candidat dans les 13e et 14e arrondissements. Mais il n'y est pas ridicule et ne quitte plus le secteur. Si bien que, grand travailleur, homme de terrain infatigable, il s'est fait remarquer en dépassant les 11 % de votants lors des législatives suivant les présidentielles de 2007. Il a été le seul, alors, avec Marine Le Pen et ses 28 % de voix à Hénin-Beaumont, à passer le cap de la dizaine. Non seulement il n'était pas complètement au sol, mais, dans la débâcle, il a pris de l'ampleur, aidé de quelques-uns de ses amis de l'ombre, les Jeunes Identitaires, qui ont la fâcheuse tendance à lever le bras en gueulant « *Heil* Hitler ».

Un exemple de ces accointances : l'organisation avortée, en novembre 2007, d'une « soupe au cochon ». Une sorte de soupe populaire pour les démunis, mais excluant d'emblée juifs et musulmans. Les Jeunes Identitaires se chargent de l'intendance, mais avant d'aboutir, l'opération tourne au fiasco en raison d'une fuite qui alertera les antifascistes nombreux à être prêts à en découdre sur la place Castellane, lieu du rendez-vous. La préfecture de police annule l'événement, mais, le lendemain, les Jeunes Identitaires organisent pour ne pas perdre la face, une distribution de tracts. Une initiative notamment du responsable du mouvement identitaire, Guillaume Pradoura, un ex-responsable du Front national de la jeunesse dans les années 1990. Un homme respecté dans le milieu facho pour avoir participé, pendant huit ans, aux activités de l'association sociale du FN, Fraternité française, alors dirigée par la fille d'un ancien collabo notoire pendant la guerre, Simon Sabiani, déjà évoqué dans ce livre, notamment responsable sous l'occupation de l'antenne marseillaise du parti collaborationniste, le Parti populaire français. En 2007, le diable bougeait donc encore malgré l'opération de nettoyage de la fille Le Pen.

Mais la distribution de tracts ne se fait pas, pas plus que la soupe au cochon, et les Jeunes Identitaires se prennent une raclée par les antifafs bien plus nombreux. Ce matin-là, Stéphane Ravier est présent et pris à partie par les opposants. Dans un article de *La Provence**, il assure avoir été là par hasard. « Ni réunion politique ni distribution de quoi que ce soit », se défend-il.

Mais non, il ne s'agissait pas d'un hasard et dès le lendemain, le jeune Guillaume Pradoura témoignait sa gratitude à Stéphane Ravier et Stéphane Dheilly en se disant tout à la fois impressionné et admiratif de leur présence. En gage de leur reconnaissance, il s'engageait dans un courriel, à ce que son mouvement soutienne au mieux la « conquête difficile des Marseillais dégénérés. » En réponse, Stéphane Dheilly expliquait que, leurs listes étaient sur le point d'être bouclées mais que des renforts de toute la mouvance seraient les bienvenus.

Le jeune Guillaume Pradoura tiendra ses engagements et, comme d'autres militants et sympathisants, sera présent sur les listes du FN. Lui figure sur la liste du 5e secteur emmené par Laurent Comas, militant FN 2.0, avec sa petite gueule de jeune premier. Il s'est fait connaître à son corps défendant avec la diffusion sur

* *La Provence* du 27 novembre 2007.

Dailymotion de vidéos où il grattait sur sa guitare du Goldman et du Cabrel. Il les a fait supprimer du site. Mais sa carrière de chanteur se déroulait surtout dans un groupe de rock identitaire, Scream Inside, dont le batteur et le bassiste figurent également sur la liste FN. Un soir, ils ont été amenés à jouer en même temps qu'un autre groupe de *metal*, les Brutal Rebirth, dont le leader appartenait aux Brutal Begude (du nom d'un quartier de Marseille), du rock sonore sur fond de marches nazies ou de discours d'Adolf Hitler. Paul Scholes, le pseudo du chanteur, gueule sa haine des juifs et son admiration du IIIe Reich.

Lors des cantonales de mars 2011, Laurent Comas y croit. Il peut ravir un canton à un socialiste, mais va chuter pour une histoire d'armes de guerre et d'explosifs trouvés dans le sac de son directeur de campagne, Pierre-Olivier Salabot. Les policiers découvrent même sur son ordinateur des choses pas très flatteuses mises de côté par les enquêteurs contre des infos précises de Salabot sur ses amis. Comas tente de prendre ses distances, mais il perd l'élection le dimanche suivant. Par ailleurs, ce Pierre-Olivier a la manie d'expédier, pour s'amuser, des mails contenant de longues listes de patronymes d'origine juive accompagnées d'un « *Sieg* » sans équivoque tiré de l'expression employée par les nazis « *Sieg Heil* », « Salut à la victoire ».

De cette traversée du désert se prolongeant jusqu'en 2012, Stéphane Ravier a gardé des fidèles, même s'il doit désormais les cacher. Ceux qui voulaient s'amuser à la soupe au cochon ne suffisent pas pour envisager la conquête du pouvoir. Il faut des gens sûrs, une garde rapprochée.

C'est en 2012, avant les élections présidentielles, qu'il commence à constituer cette garde. En février, Ravier et Comas, à la recherche de jeunes patriotes, accueillent dans les locaux de la fédération FN, place Sadi-Carnot, Amaury Navarranne, un Toulonnais, le responsable régional des jeunes partisans de Marine Le Pen. Ils sont bien copains, Stéphane et Amaury. Depuis que le Marseillais est sénateur-maire, il apporte son soutien au jeune candidat du Var. Sur les tracts, la flamme tricolore côtoie la fleur de lys royaliste. J'ai moi-même pu rencontrer Amaury Navarranne dans mon village familial en Corse, invité pendant les vacances par mon cousin Yvan, le facho. Un privilège réservé aux seuls proches. On y avait discuté chiffons. Je dirais chiffons noirs.

Ce soir de février 2012, Navarranne rappelle, en présence des autres, que « la victoire exige l'investissement personnel de chacun et chacune ». Ravier conclut en incitant tous les jeunes à la mobilisation pour rester français. Applaudissement dans l'auditoire constitué des plus actifs du Front national des jeunes, des militants de l'Action française, des identitaires et même des nationalistes autonomes, ou encore des *Nationals Bolcheviks*, les fachos russes. Tout ce qui se fait de plus néonazi à Marseille. À la télévision complice, Marine Le Pen a beau assurer que le FN est devenu un parti fréquentable, la réalité idéologique et de terrain de cette dédiabolisation est tout autre. En 2014 encore, Ravier intègre sur sa liste de grands électeurs pour les sénatoriales des royalistes notoires de l'Action française.

Sachant évidemment tout cela, comment diable Jean-Claude Gaudin, le chrétien, si sympathique, si chaleureux, peut-il désormais se montrer si prévenant avec Stéphane Ravier ? Parce que le vieux maire de Marseille en a vu s'agiter d'autres des diablotins au long de sa carrière, et qu'il leur applique toujours la même technique d'apprivoisement. Embrasser pour étouffer.

D'autres ont connu le même sort. Par exemple, le dernier président de la communauté urbaine MPM, mis en place par Gaudin. Cet homme, Guy Tessier, connaît l'extrême droite comme sa poche. Pour sûr, il en vient !

Jeune adhérent du groupuscule Union nationaliste, il sera l'un des fondateurs, en 1974, du Parti des forces nouvelles, scission d'Ordre nouveau, mouvement néo-fasciste à croix celtique. Aux municipales de 1977, Gaudin va l'approcher pour constituer une alliance des droites face à la liste de Defferre et du PCF. Dans la constitution de ces alliances de droite, Guy Tessier se montre efficace. En 1978, Gaudin l'attire chez les républicains et lui laisse même son secteur qui englobe Mazargues. Longtemps après, en 2014, le secteur échoit au bras droit de Guy Teissier, Lionel Royer-Perreault que les proches de Gaudin surnomment, taquins, « Goebbels ». Et au cas où le tableau serait jugé incomplet, Royer-Perreault a aussi été l'attaché parlementaire de Yann Piat, la députée frontiste et filleule du père Le Pen, assassinée en 1994.

Comme il avait récupéré Teissier puis Royer-Perreault, Gaudin joue la même carte avec Ravier. Récupérer le meilleur cadre de son concurrent direct pour mieux le circonvenir.

Defferre faisait cela très bien aussi. En 1984, quand des sondages le donnèrent perdant aux municipales, il demanda à l'un des créateurs du FN marseillais, Théo

Balalas, de courtiser les électeurs FN de l'époque, celui des rapatriés d'Algérie. Avec succès. Gaston draguait les votes des rapatriés, lui qui ne voulait pas d'eux à l'origine en 1969. Mais plus de 250 000 électeurs potentiels, ça compte. Il allait alors jusqu'à célébrer lui-même le mariage de l'un des fondateurs de l'OAS, Jean-Jacques Susini, proche du SAC (Service d'action civique) et des commandos Delta, bras armés de l'OAS. Du coup, les rapatriés le regardaient autrement.

Le succès de Stéphane Ravier aux municipales puis aux sénatoriales de 2014 sur le secteur des 13e et 14e arrondissements de Marseille ne surfe pas que sur la vague « bleu Marine » provoquée par les médias parisiens. Il a bénéficié localement d'un terrain favorable et ancien. En 2002, Jean-Jacques Susini, dans l'autre secteur des quartiers nord, a atteint plus de 40 % des voix au second tour contre les communistes. Il est, alors, membre de l'Adimad, visant à défendre « la mémoire de tous les martyrs et de toutes les victimes des ennemis de l'Algérie française », dont un membre fondateur, Théo Balalas, était passé de l'OAS au Parti socialiste sans sourciller.

Théo Balalas a toujours connu du beau monde. C'est d'ailleurs là sa principale ligne politique. Et, là encore, il faut se replonger dans la période de la guerre d'Algérie. Comme les jihadistes financent aujourd'hui leur départ en Syrie avec des braquages de banques et de bijouteries, les commandos Delta braquaient pour financer leur résistance anticommuniste. Certains de ses membres y ont tellement pris goût qu'ils se sont faits gangsters à leur compte. Ultra-violents, ils ne sont pas appréciés des bandits de métier qui craignent une réponse proportionnelle des autorités et de la justice.

Un bandit digne de ce nom sait rester discret. Sommés de choisir leur camp, beaucoup de commandos Delta rejoignent les rangs des malfrats de l'époque.

On y trouve de belles associations. Antoine Tarquini était un proche des réseaux Pasqua, qu'il a connu à Marseille en 1958. Après avoir été recruté pour participer à l'opération Résurrection, un coup d'État militaire visant à installer le général de Gaulle en 1958 (opération finalement inutile), Tarquini s'engage dans la légion puis rejoint l'OAS où il fait la connaissance d'un certain Albert Spaggiari, ancien soldat d'Indochine et partisan lui aussi de l'OAS.

Après une période de braquages, Antoine Tarquini, dit « Tony », rejoint au début des années 1970 l'équipe du célèbre Gaëtan Zampa. Ça, c'est du côté des voyous. Car Tarquini est également membre du PFN, dont il deviendra l'un des responsables locaux à Aix-en-Provence. Il dirige aussi une boîte de nuit dans le quartier de l'Opéra à Marseille où il crée une association de défense des commerçants avec un vieil ami, l'incontournable Théo Balalas, gérant du restaurant de sa mère, Le Tonneau. Tarquini a également géré une autre boîte de nuit d'Aix-en-Provence, Le Khoreia, lieu de rendez-vous des fachos de la région, tout particulièrement des anciens de l'OAS. Il crée de nouveau une association de défense des commerçants regroupant les dirigeants d'établissements de nuit d'Aix. On dit alors de Tony Tarquini qu'il est l'œil de Zampa. Dans les années 1980, la plupart des membres de cette association meurent par balle dans les guerres des bandits. Tarquini passe au travers, tout en continuant la politique en même temps que le braquage et les machines à sous. Il passe du Parti des forces nouvelles au Centre national des indépendants et paysans en 1981, puis rejoint le RPR avant de prendre du galon en 1984 dans le Front national émergeant pour revenir au RPR quand Pasqua devient en 1986 ministre de l'Intérieur. Retour au FN à la demande de Susini l'année suivante ; Tarquini y restera et organisera, en 2002, la campagne des régionales de Jean-Marie Le Pen, en côtoyant assidûment Stéphane Ravier. Et ce dernier gardera en tête l'un des très bons amis de Tony, le désormais influent Jacques Cassandri.

En 1976, quand Spaggiari, devenu un malfaiteur fantasque, détaille à Tarquini le futur casse de la Société générale de Nice, Zampa en est immédiatement informé. Trop occupé à son propre business, il oriente Spaggiari (contre 20 % du butin du casse) vers une bande de voyous du quartier des Catalans à Marseille. Ils étudient le coup… Faisable. Or, l'un des chefs de cette bande s'appelle Jacques Cassandri. L'affaire rapportera – en francs – l'équivalent de 29 millions d'euros volés dans les coffres de la banque, « sans arme, ni haine, ni violence », en passant par les égouts. En 2010, Jacques Cassandri a publié sous le pseudonyme d'Amigo *La Vérité sur le casse de Nice*, en avouant en être le cerveau. Cassandri, surnommé « le Tondu », 72 ans en 2015, fait l'objet, depuis 2010, d'une enquête pour « association de malfaiteurs, blanchiment, abus de biens sociaux, faux et usage de faux ». Une note de police souligne le passé de « délinquance lourde » et les relations « mafieuses » de l'homme reconverti en homme d'affaires : « Proxénétisme dès 1965, infraction à la législation sur les armes en 1973, séquestrations, profits supposés de l'exploitation de machines à sous ». Une figure qui compte à Marseille. Et le voilà à son tour courtisé par Stéphane Ravier. Avec cette anecdote relatée par deux amis journalistes, Xavier Monnier et

Olivier-Jourdan Roulot : fin septembre 2015, à la veille des universités d'été du FN à Marseille, Marion Maréchal-Le Pen invitait, à l'initiative de Stéphane Ravier, tous ses colistiers aux élections régionales à un luxueux cocktail au Palais de la Major, le dernier établissement de Cassandri. « Quand on m'a demandé, j'ai conseillé ce lieu que j'aime beaucoup, notamment la décoration de l'Empereur », explique-t-il à mes amis journalistes. C'est son chauffeur corse qui lui a fait découvrir l'endroit. Il s'y restaure toutes les semaines en y dégustant un verre de gevrey-chambertin, « le vin que buvait Napoléon », précise le chauffeur corse. Stéphane Ravier y organise donc aussi de chouettes sauteries frontistes, symbole du « nouveau FN », explique-t-il. Même pour le banditisme, Stéphane Ravier et Marion Maréchal-Le Pen sont sur la ligne « les Français d'abord ». Bien blanc, Bonapartiste… Des bandits de souche.

André Isoardo, un communiste repenti, a structuré le Front national marseillais ; l'affairiste influent Jacques Cassandri, fiché au grand banditisme, est courtisé par Stéphane Ravier ; Théo Balalas a un pied chez les socialistes et l'autre chez les frontistes, comme liant de ce mélange d'OAS, de voyous et de politiques. Un clientélisme associatif toujours plus développé, mais aussi un autre plus direct avec l'embauche fin 2015, sur son propre secteur, du fils de Stéphane Ravier comme contractuel aux Espaces verts de la mairie des 13-14… Le FN reste donc un rouage historique des systèmes qui gangrènent Marseille.

Sa présence effective, depuis des décennies, dans les rangs de la politique locale, aurait pu lui permettre d'enlever, en décembre 2015, la région PACA.

Christian Estrosi a sauvé la mise mais… avec les voix socialistes venues en renfort pour battre ses vieux amis frontistes ! Pourtant, il fut un temps où Estrosi jouait les facilitateurs entre Jean-Marie Le Pen et Jean-Claude Gaudin. Au bord de la Méditerranée, les alliances de sable sont décidément éphémères.

À Marseille, le Front national compte plusieurs strates, chacune capable de jouer avec des courants politiques allant des communistes aux néofascistes. On se bagarre autant que l'on passe des accords, on s'y trahit comme on s'allie contre d'autres. Ce ne sont pas les balles qui tuent, mais la rumeur qui peut tout aussi bien ruiner un ennemi que liquider sa réputation et son honneur. Comme chez les voyous.

À Marseille, le fonctionnement du Front national ne diffère en rien, quoi qu'en dise Marine Le Pen, de celui des autres partis du système : clientélismes et réseaux en tous genres pour seul programme politique.

XIV

Frankenstein

Les élus de Marseille ont une tendance permanente à l'autocongratulation à laquelle il est difficile de souscrire sans sourciller. Ils ne sont pas plus crédibles que les gamins des cités qui se caressent tout le temps le ventre sous leur T-shirt, à la fois pour faire les mariolles et pour se rassurer.

Dans ses sources de satisfaction, Jean-Claude Gaudin se réfère souvent au rapport de l'OCDE sur l'aire métropolitaine marseillaise. Une lecture sélective, naïve comme une promesse, qui placerait Marseille dans les villes les plus dynamiques d'Europe. Quand il s'agit seulement d'une croissance forte. Partir de rien donne l'impression de monter rapidement, mais, là, le dynamisme n'est qu'un rattrapage. En réalité, le rapport souligne que la métropole Aix-Marseille est l'une des plus inégalitaires de France, que ce soit en matière de revenus, d'accès à l'emploi ou d'éducation. Ces inégalités socio-économiques sont très délimitées territorialement. Le plus riche et le plus pauvre se côtoient, chacun retranché dans sa forteresse. Le taux de chômage des jeunes atteint 50 % dans certains quartiers où plus d'un tiers de la population n'a pas de diplôme. Alors, pour noyer la triste réalité de ces statistiques brutes, Gaudin aligne les chiffres de ses dépenses pour Marseille, comme pour convaincre que l'argent est bien utilisé. Pourtant, en général, tout ce qui relève des élus locaux tourne au fiasco. Et si la ville est belle et que, du printemps à l'été indien, on y goûte une *dolce vita*, elle le doit d'abord à ses habitants qui ont cette capacité rare à se parler tout le temps.

Et, dans cette même ville, ce qui est réussi vient d'ailleurs et de loin. De Jules César, Louis XIV et Napoléon III qui ont tous su la faire évoluer, souvent dans la douleur. Dans les années 2010, Euroméditerranée, c'est l'État ; le train à trois heures de Paris, c'est la SNCF ; la capitale de la culture en 2013, c'est l'Europe. Il a même fallu dépêcher en urgence une équipe d'organisateurs parisiens pour que l'événement ne tourne pas à la seule gloire des fifres et tambourins subventionnés de la région. Ces urgentistes ont largement limité les dégâts. Au final, la programmation de « Marseille, capitale européenne de la culture » n'était rien de plus que ce qu'elle devrait être en permanence dans une ville qui se veut capitale de la Méditerranée. L'effervescence populaire constatée a souligné le manque en la matière. Les milieux privé et associatif ont su combler l'absence de vie culturelle populaire, et même la pègre s'est adaptée en remplaçant quelques bars PMU et Bingo, ces jeux de hasard illégaux, par des établissements branchés bien placés, plus chics et plus chers.

Pour justifier le monstre en train d'émerger à Marseille, on a inventé la notion de « Marseille *bashing* ». Même Gaudin, qui affirmait en riant ne « parler anglais qu'avec Charles Pasqua », parvient soudain à prononcer ce terme presque sans accent. Le dénigrement de Marseille ne viendrait que des vilains médias parisiens, jaloux et méchants à la fois. Pourtant, soyons lucides, les critiques partent du cœur de Marseille lui-même. Paris ne s'en fait que l'écho, à coup de clichés et de lieux communs balancés pour être prétendument mieux démontés.

À chacun son amour de Marseille. Un amour de feu à entretenir et à alimenter à coup de mythes et légendes. Par exemple, celle de cette fausse mafia, appelée la French Connection. En fait, il ne s'agissait, au cours d'une période limitée, que d'une méthode. Le transport d'héroïne depuis les plaines de la Bekaa au Liban jusqu'aux États-Unis. Marseille et ses bandits n'étaient qu'un maillon de la chaîne. Le cerveau était ailleurs.

Une autre légende, celle du Marseille méditerranéen, porte du Sud. Mais depuis longtemps déjà, les échanges avec le Maghreb et l'Orient se sont taris. Istanbul et Naples ont pris la place. Marseille demeure une ville cosmopolite, mais les politiques freinent les mélanges pour mieux maîtriser les groupes. Le communautarisme se dissout au fil de l'intégration de l'immigré que Marseille sait réussir. Jusqu'à ce que l'immigré n'en soit plus un. Marseille avale, elle intègre, certes avec violence, mais elle sait le faire. Car les gens se parlent.

Le « Marseille *bashing* » est entretenu par ceux qui y ont intérêt. D'autant que dans cette ville, on aime le pire et le meilleur. Parfois, le journal *La Provence* dénonce avec lourdeur quelques dysfonctionnements sur une pleine première page barrée d'un titre ponctué d'un point d'exclamation. Alors, tous les médias nationaux reprennent l'information et, dès le lendemain, *La Provence* s'insurge contre l'acharnement des Parisiens. Il faut dire que pour ceux-là, Marseille est une aubaine. Une ville tout-en-un. L'impunité des Balkany dans les Hauts-de-Seine est celle de Guérini dans les Bouches-du-Rhône. Les règlements de comptes éparpillés dans la banlieue parisienne se concentrent dans les quartiers tous labellisés « Quartiers nord ». Le Front national du niveau d'Hénin-Beaumont se retrouve dans les 13ᵉ et 14ᵉ arrondissements. La désindustrialisation de la région lilloise a son reflet dans le Midi. La bourgeoisie de Bordeaux engraissée au temps des colonies a des cousins dans les quartiers très chics qui longent la Corniche. Les tensions immobilières autour d'Ajaccio se déclinent sur l'aire métropolitaine d'Aix-Marseille.

Ajoutons à tout cela l'ensemble des ethnies présentes en France, toutes rassemblées à Marseille, les religions, les quartiers organisés comme des villages, les gueules, les accents, les élus pagnolesques, un club de foot qui a une âme, lui, et encore des gens bavards. Marseille est absolument la France. L'objet d'observation idéal pour décrypter la société française moderne.

Mais il n'y a qu'un seul monstre. Marseille ne le cache pas, Marseille l'exhibe, Marseille s'en désespère et s'en joue tout autant. Un monstre qui fabrique des mains noires, des têtes détraquées, des caïds jetables, des djellaba-baskets. Un monstre qui se nourrit de mauvaises herbes et les cultive consciencieusement. Un monstre dont les Frankenstein dépècent la démocratie pour lui substituer une autre, amorphe et manipulable. Nécromancien d'État.

La violence, la drogue, l'affairisme, les magouilles, la corruption, le béton, l'élection, le racisme… Pour la France, et d'autres pays qui s'intéressent à nous, Marseille est une aventure à elle seule, sans avoir besoin de voyager. Elle constitue aussi une sorte dc soupape de sûreté pour libérer la pression trop forte des problèmes refoulés dans l'Hexagone.

Comme si elle était seule, comme si elle était l'exception, comme s'il fallait accepter, fataliste, la figure du monstre. « C'est pas pareil, c'est Marseille. »

Pourtant non, la plus jolie ville de France ne cache pas ses blessures. Elle est sincère. C'est tout.

Cette ville n'est tout simplement que l'illustration visible des malfaçons de la République française.

Bibliographie

Association Made in Bassens, *Bassens, chronique d'une cité particulière*, 2008.

Bruno Aubry et Séverine Pardini-Battesti, *Nouveaux bandits*, éditions L'Express, 2013.

Jean-Michel Bessette, *Anthropologie du crime*, L'Harmattan, 2013.

Philippe Bourgois, *En quête de respect. Le crack à New York*, Seuil, 2013.

Emmanuel Faux, Thomas Legrand, Gilles Perez, *La Main droite de Dieu*, Seuil, 1991.

William Foote Whyte, *Street Corner Society. La structure sociale d'un quartier italo-américain*, La Découverte, 2007.

Pierre Godard et André Donzel, *Éboueurs de Marseille*, Syllepse, 2014.

Steven D. Levitt et Stephen J. Dubner, *Freakonomics*, Denoël, 2006.

Xavier Monnier, *Marseille ma ville. Portrait non autorisé*, Les Arènes, 2013.

Laurence Montel, *Marseille capitale du crime. Histoire croisée de la criminalité organisée et de l'imaginaire de Marseille (1820-1940)*, thèse, université Paris Ouest-Nanterre-La Défense, 2008.

Laurent Mucchielli (dir.), *Trafics et trafiquants de drogues à Marseille*, rapports de recherche de l'ORDCS, n° 1, novembre 2013.

Office français des drogues et toxicomanies (OFDT), Rapport annuel 2014 sur les consommations de drogues en France.

Michel Péraldi, Claire Duport et Michel Samson, *Sociologie de Marseille*, La Découverte, 2015.

Michel Péraldi et Michel Samson, *Gouverner Marseille. Enquête sur les mondes politiques marseillais*, La Découverte, 2005.

Sudhir Alladi Venkatesh, *Dans la peau d'un chef de gang*, L'École des loisirs, 2011.

Journal indépendant sur Marseille et son territoire : *https://marsactu.fr/*

Toute ma gratitude va d'abord à ceux qui ont bien voulu témoigner dans ce livre, parfois sous couvert d'anonymat pour préserver leur tranquillité ou même leur sécurité. Sans eux, cet ouvrage n'aurait pas une telle densité. Je les remercie de leur confiance ainsi que les habitants si hospitaliers des quartiers populaires de Marseille. Quand ils croisent un journaliste respectueux de leur réalité, ils savent l'aider à pénétrer des situations souvent complexes et déroutantes pour qui se régale de simplifications ou de caricatures. Même ceux que beaucoup considéreraient comme les pires gredins m'ont apporté une aide précieuse témoignant de leur volonté de renverser le système qui pèse sur eux.

Je tiens aussi à remercier tout particulièrement certaines personnes dont l'action a été déterminante dans l'écriture de ce livre.

Le journaliste Michel Samson, avec qui j'avais commencé ce travail et dont la rigueur intellectuelle demeure mon phare, surtout depuis que j'ai pris le large.

La sociologue Claire Duport, qui m'encouragea à entreprendre un décryptage journalistique des systèmes qui enserrent cette ville.

Et, enfin, mon éditrice Laurence Lacour dont les jugements et conseils m'ont accompagné des premiers instants jusqu'à la fin.

Table

**Les Éditions Points s'engagent
pour la protection de l'environnement
et une production française responsable**

Ce livre a été imprimé en France, sur un papier certifié issu de forêts gérées durablement, chez un imprimeur labellisé Imprim'Vert, marque créée en partenariat avec l'Agence de l'Eau, l'ADEME (Agence de l'Environnement et de la Maîtrise de l'Énergie) et l'UNIC (Union Nationale de l'Imprimerie et de la Communication).

La marque Imprim'Vert apporte trois garanties essentielles :

- La suppression totale de l'utilisation de produits toxiques
- La sécurisation des stockages de produits et de déchets dangereux
- La collecte et le traitement de produits dangereux

RÉALISATION : IGS-CP À L'ISLE-D'ESPAGNAC
IMPRESSION : MAURY IMPRIMEUR À MALESHERBES (45)
DÉPÔT LÉGAL : JUIN 2017 - N° 133614-13 (280875)
IMPRIMÉ EN FRANCE